J. N Gröbl

Die ältesten Hypotheseis zu Aristophanes

J. N Gröbl

Die ältesten Hypotheseis zu Aristophanes

ISBN/EAN: 9783742894762

Hergestellt in Europa, USA, Kanada, Australien, Japan

Cover: Foto ©ninafisch / pixelio.de

Manufactured and distributed by brebook publishing software (www.brebook.com)

J. N Gröbl

Die ältesten Hypotheseis zu Aristophanes

Die ältesten Hypotheseis zu Aristophanes.

Programm der Kgl. Studienanstalten zu Dillingen

für 1889/90

von

Joh. Nep. Gröbl,
Kgl. Studienlehrer.

Druck von J. Keller, Dillingen.

§ 1.

Die ältesten Philologen, Aristoteles, die Alexandriner.

Das hochbegabte Volk der Griechen hat uns in seiner Literatur Erzeugnisse des Menschengeistes hinterlassen, die von späteren Jahrhunderten, auch unsere neue Zeit nicht ausgenommen, in wenigen Zweigen erreicht und wohl auch in gar keinem übertroffen wurden. Waren indes so manche dieser Produkte schon ihrer Natur nach für längere Dauer geschaffen, wie die Epen eines Homer und die Werke der Geschichtschreibung, so gab es doch auch wieder andere, die ihrer Gattung nach eine solch bleibende Dauer nicht beanspruchen konnten, sondern, da sie vorzugsweise zum Hören bestimmt und für eine Festfeier gefertigt waren, mit dem Vorübergehen derselben auch einen großen Teil ihres Interesses verloren und, wenn auch später veröffentlicht, doch die Leser nicht immer in dem Maße anzogen, als sie die Zuhörer ergötzt hatten, und so schon dadurch den Keim des Unterganges in sich trugen, wenn anders sie nicht tiefe innere Vorzüge hatten, die ihnen bleibenden Wert verliehen. Ich spreche damit von den Werken der dramatischen Kunst. Doch auch unter diesen hatte die Tragödie noch günstigere Verhältnisse. Denn sie behandelte, wie das Epos, oder vielmehr aus demselben genommen, wenn auch vielfach mit poetischer Freiheit umgestaltet, die alten im Volke lebenden Sagen und konnte so schon vermöge ihres Stoffes auf ein längeres Fortleben ihrer Werke rechnen.

Wie ganz anders war es bei der Komödie! Hier schuf der Dichter seine Werke so recht eigentlich für den Zweck des Augenblicks, der einzig und allein darin bestand, gegenüber den ernsten Tragödien, wo mehr die Würde und Heiligkeit der religiösen Feier zum Ausdrucke kam, die Heiterkeit des Dionysosfestes ohne Rückhalt zu entfalten. Und da die Komiker dies nur zu häufig auf Kosten ihrer Zeitgenossen thaten, so mußte die Erzeugnisse der komischen Muse, wenn sie außer dem delectare keinen tieferen Hintergrund hatten, bald das Schicksal der Vergessenheit ereilen, das dann mit Notwendigkeit ihren Untergang brachte. Ja, und selbst Komödien mit tieferem ethischen Werte, die auch die zweite der Forderungen, die an einen Dichter gestellt werden, das prodesse, erfüllten, wären kaum dem unerbittlichen Schicksal entronnen, wenn nicht bald Gelehrte dieselben zum Gegenstande ihrer Forschungsarbeiten gemacht hätten.

Der erste, der es sich angelegen sein ließ die literarischen Werke seiner Landsleute zu sammeln und für die Nachwelt brauchbar zu machen, war Aristoteles, und zwar that er dies aus eigenem Antrieb und vom höheren philosophischen Gesichtspunkte aus. Hundert Jahre später traten dann in seine Fußtapfen die Alexandriner, diese veranlaßt und unterstützt von der unbegrenzten Munificenz der für die Wissenschaften begeisterten Könige Aegyptens, der Ptolemäer, ebenso auch die pergamenischen Gelehrten am Hofe der Attaliden.

Hatte auch schon Plato einigermaßen den Anfang zu literarischen Studien gemacht, so waren doch seine und seiner gleichzeitigen Fachgenossen Versuche nur mehr gelegentliche und nicht von besonderer Bedeutung. Dagegen „ein höheres Verdienst erwarb sich," wie G. Bernhardy[1]) sagt, „Aristoteles, der belesenste Denker des Altertums, der erste, der im Besitze einer reichen Bibliothek[2]) und umfassender Polyhistorie nach Erforschung der Quellen und öffentlichen Denkmäler bereits nicht nur im Zusammenhange eine Geschichte der Poesie versuchte, sondern auch auf der Höhe tiefsinniger Kunstlehren kühn in den Geist dieser Literatur eindrang." Ja, selbst wenn wir keine Kunde von seiner reichen Privatbibliothek hätten, um daraus auf sein hohes Interesse für die Literatur schließen zu können, so müßten wir doch von ihm als einem Philosophen, der seine Aufgabe im weitesten Umfange erfaßt hatte, geradezu erwarten, daß er dieses große Gebiet der künstlerischen Produktivität des Geistes in den Kreis seiner Studien zog. Speziell aber durfte und konnte er die Poesie nicht umgehen. Denn gerade sie ist es, wo der Mensch, nur gebunden durch die künstlerische Form, sich sonst in völliger Ungebundenheit und Freiheit der Gedanken ergeht und unverhüllt darlegt, was seine Brust durchwogt und sich so völlig als das

---

[1]) Grundriß der griechischen Literatur I. Teil 4. Bearb. S. 178 (3. Bearb. S. 177.)
[2]) Wir wissen das aus Strabo XIII. p. 418. ed. Casaub. „πρῶτος ὧν ἴσμεν συναγαγὼν βιβλία καὶ διδάξας τοὺς ἐν Αἰγύπτῳ βασιλέας βιβλιοθήκης σύνταξιν."

gibt, was er ist, so daß es für einen Philosophen wohl eine Versündigung an seinem Berufe wäre, wenn er diese beiseite setzen wollte.

Und dieser seiner hohen Aufgabe wurde Aristoteles auch wirklich so gerecht, daß er durch seine Arbeiten auf diesem Gebiete für alle späteren Zeiten mustergiltig wurde und geradezu den Namen „Vater der Philologie" verdient. Denn diese Arbeiten sind nicht bloß geschichtlicher, sondern in noch höherem Maße kritischer und exegetischer Natur, so vor allem die Schrift περὶ ποιητικῆς in 2 Büchern, wovon leider der für gegenwärtige Untersuchung wichtigste Teil, das zweite Buch, das von der Komödie handelte, verloren gegangen ist, sodann περὶ ποιητῶν, ἀπορήματα Ὁμηρικά, Πυθιονῖκαι und Διδασκαλίαι. Auf dieses letztere werden wir später noch mehrfach zu sprechen kommen. Mit weitsehendem Blicke hatte er also solche Stoffe gewählt, die entweder vom historischen oder ästhetischen Standpunkte aus von unschätzbarem Werte für die Nachwelt sein mußten, zumal wenn dieselben von einem so berufenen Manne der Wissenschaft behandelt wurden. Schade freilich, daß uns nur sehr wenig davon erhalten ist. Ebenso arbeiteten im gleichen Stoffe Chamäleon aus Heraklea in seinem Werke περὶ κωμῳδίας, von welchem Athen. p. 406 E ein 6. Buch citiert, sowie auch wohl Dikäarch aus Messene in Sicilien, eine Behauptung Näke's, opusc. I. p. 324 u. ff., die freilich F. G. Schneidewin de hypothesibus tragoediarum Graecarum Aristophani Byzantio vindicandis commentatio p. 36 bestritt. Auch Welcker, Ep., Cycl. I. S. 94 vermutet eine eigene Schrift, während Böckh, CIG I, 350 kein eigenes Werk des Dikäarch über Didaskalien annimmt, wohl aber ein anderes, in welchem didaskalische Notizen behandelt seien.[1]) Diese Ansichten lassen sich indessen leicht vereinigen, nämlich in der Weise, daß Dikäarch wohl in speziellen Schriften περὶ μουσικῶν ἀγώνων und ὑποθέσεις τῶν Σοφοκλέους καὶ Εὐριπίδου μύθων davon gehandelt hatte, da aber dies[2]) nur Vorarbeiten zum βίος Ἑλλάδος waren, dieselben wenigstens den Hauptpunkten nach wieder in dieses größere Werk aufgenommen hatte.

Den Weg, den Aristoteles betreten, verfolgten etwa hundert Jahre später, als Griechenlands Selbständigkeit schon verloren war, außerhalb der eigentlichen Heimat griechischer Litteratur an den Höfen der aus Alexanders Weltmonarchie hervorgegangenen hellenistischen Reiche die Gelehrten,

---

[1]) Schneidewin scheint a. a. O. Böckh's citierte Stelle so aufgefaßt zu haben, als ob derselbe 2 Werke Dikäarchs annähme.
[2]) nach W. v. Christ, Geschichte der griech. Litteratur (VII. Bd. d. Handb. der klassischen Altertumswissenschaften v. Iw. v. Müller) 441.

welche im Dienste der Fürsten sich besonders damit beschäftigten die Schätze der alten griechischen Literatur zu sammeln, zu verwerten und für die zukünftigen Geschlechter nutzbar zu machen. Unter diesen stehen obenan jene Männer, welche am Hofe der Ptolemäer in Alexandria, bestrahlt von der Sonne ihrer Gunst, einzig und allein die Aufgabe zu erfüllen hatten, ohne Rücksicht auf die Kosten — in freigebigster Weise bewilligten die Fürsten die hiezu erforderlichen Gelder — alle Schätze hellenischer Literatur, deren sie nur immer habhaft werden konnten, in Originalien oder Abschriften zu sammeln und in den dortigen großen Bibliotheken aufzustellen. Es waren das Zenobotos, Kallimachos, Eratosthenes, Apollonios, Aristophanes von Byzanz und Aristarchos.

Ohne auf die Gründe einzugehen, welche die Ptolemäer und deren Nachahmer, die Attaliden in Pergamum, zu diesem Sammeleifer angespornt haben mochten, habe ich hier nur hervorzuheben, daß damit freilich die Herausbildung einer neuen Richtung Hand in Hand ging und aus der freien Schaffensthätigkeit eine nur reproductive und gelehrte wurde. Man mag das bedauern; was indes aus der griechischen Literatur geworden wäre, wenn keine Ptolemäer sich um sie angenommen hätten, das wissen wir zwar nicht, können es aber ahnen, zumal sobald wir uns vergegenwärtigen, daß ihr damals eben der stärkste Impuls, die griechische Freiheit, fehlte. Sicher ist es ein unschätzbares Verdienst, das sich jene Fürsten durch Gründung jener Bibliotheken erwarben.

Daß aber jene Gelehrten ihren Posten in würdigster Weise ausfüllten und so das in sie gesetzte Vertrauen rechtfertigten, beweist allein die Thatsache, die uns Tzetzes angibt, daß die Zahl der Rollen, welche in den beiden Bibliotheken Alexandrias (der einen beim königlichen Schloß, der anderen beim Serapistempel) aufbewahrt wurden, zusammen 532 800 betrug.[1]) Das war gewiß eine Anzahl, die einen Mann, dessen Brust Berufsfreudigkeit, Wissensdrang und Schaffenstrieb durchglühte, nur mit Freude erfüllen konnte.

Und wahrlich die Arbeit der Vorstände dieser Bibliotheken war keine geringe. Sie hatten die Schätze nicht blos zu sammeln und aufzubewahren, so daß sie jederzeit über den Stand des ihnen anvertrauten wertvollen Gutes Rechenschaft geben konnten, sondern sie mußten auch den höheren Zweck ihrer Herren in vollem Umfange zu erfüllen sich bestreben, dadurch daß sie die Schätze der Bibliothek in möglichst bequemer Weise dem gelehrten Publikum und auch der Nachwelt zugänglich machten.

---

[1]) Näheres darüber bei Christ, griech. Lit. S. 379 u. ff.

Den ersten Teil dieser ihrer Pflicht erfüllten sie nun dadurch, daß sie die zum Kaufe angebotenen Bücher auf ihre Echtheit prüften (denn die von den Ptolemäern bezahlten Preise hatten schon bald zu Fälschungen verlockt) und die brauchbaren kauften, dann aber auch dadurch, daß sie genaue Verzeichnisse der vorhandenen Bücher anlegten und evident erhielten. Damit ging dann auch jedenfalls die Anordnung nach Fächern Hand in Hand. Eine Frucht dieser Arbeit war sicher das Werk des Kallimachos in 120 Büchern, welches er betitelte: Πίνακες τῶν ἐν πάσῃ παιδείᾳ διαλαμψάντων καί ὧν συνέγραψαν, wovon ein Teil den eigenen Titel führte: Πίναξ τῶν κατὰ χρόνους καὶ ἀπ' ἀρχῆς γενομένων διδασκάλων (sc. τραγῳδιῶν, κωμῳδιῶν, διθυράμβων[1]).

Der zweite Teil ihrer Pflicht, die Brauchbarmachung der Bibliothek fürs Publikum und die späteren Zeiten war der anregendere, weil dieser, frei von Mechanismus, dem individuellen Eifer Spielraum gab sich zu entfalten. Und nichts war natürlicher als daß sie sich vor allem zu den Koryphäen der Literatur wandten, die durch ihr hohes Alter schon die Bürgschaft ihres Wertes in sich hatten, und die, von jeher von allen Griechen gefeiert, so gleichsam von der höchsten Autorität dieses überaus kunstsinnigen Volkes als Muster aufgestellt waren. So wissen wir, daß sie vor allem den Homer mehrfach herausgegeben, berichtigt und erklärt, ebenso daß sie sich in derselben Weise mit Hesiod und Pindar beschäftigt haben. Nicht minder ist es jetzt nach den von F. G. Schneidewin in der oben (S. 5) angeführten Abhandlung und Adolf Trendelenburg in grammaticorum Graecorum de arte tragica iudiciorum reliquiae, Bonn, Marcus, 1867, geführten eingehenden Untersuchungen ausgemacht, daß auch die Tragiker von unseren Alexandrinern behandelt wurden und zwar, wie es scheint, vorwiegend in literarhistorischer Form. Und wenn Christ, griech. Lit. 159 über Aischylos sagt; „Die Erhaltung gerade dieser Stücke scheint nicht auf Zufall zu beruhen, sondern dem Urteil eines Grammatikers aus der ältesten Zeit des Altertums verdankt zu werden", so darf diese Ansicht gewiß auch auf alle dramatischen Dichter des griechischen Altertums ausgedehnt werden.

---

[1] Ueber dieses Werk s. Bernhardy I, 185 u. Christ 401. — J. Richter, Aristophanis Vespae, prolegg. S. 18 u. 22 stellt die Vermutung auf, die Schlußworte des Titels hätten gelautet: γενομένων διδασκάλων καὶ διδασκαλιῶν. — Vgl. Rose, Aristoteles pseudepigraphus S. 551 schreibt διδασκαλιῶν und sagt darüber, es sei ein bibliographisches, kein agonistisches Werk gewesen.

Demnach ist es wohl nicht zweifelhaft, daß die Alexandriner auch die Komiker und unter diesen vor allen den Heros der Komödie, Aristophanes, in den Kreis ihrer Studien zogen. Von Aristarch hat dies nachgewiesen Osk. Gerhard in seiner Doktordissertation: De Aristarcho Aristophanis interprete, Bonn, 1850. Von der Thätigkeit des Kallimachos und Apollonios zu Aristophanes haben wir Spuren. Von Aristophanes Byz. nimmt Schneidewin a. a. O. S. 26 an, daß er, wie zu Euripides, auch zu Aristophanes, wenn nicht vielleicht einen Komentar, so doch wenigstens Einleitungen gegeben habe, während wir von Eratosthenes wissen, daß er ein zusammenhängendes Werk περὶ ἀρχαίας κωμῳδίας in wenigstens 12 Büchern verfaßte.[1])

Doch glaube ich nicht, daß damit unsere ganze Kenntnis von den literarischen Studien der Alexandriner zu Aristophanes abgeschlossen ist; vielmehr drängte sich mir bei wiederholter Betrachtung unabweisbar der Gedanke auf, daß besonders in den Hypotheseis, die wir zu den Stücken dieses Dichters haben, noch ein bedeutender Teil alexandrinischer Gelehrsamkeit stecke, freilich nicht immer in der ursprünglichen Form.

§ 2.
Die Arbeiten der Alexandriner zu Aristophanes. — Hypotheseis.

Es ist sicher nicht ein bloßer Zufall, daß uns von Aristophanes noch 11 ganze Komödien erhalten sind, also der vierte Teil von allen, die er überhaupt geschrieben hat, während z. B. von den 123 Dramen des Sophokles nur 7, von den 72 (oder 90) des Aischylos ebenfalls nur 7, von den 92 des Euripides, der sich doch der größten Beliebtheit in den späteren Zeiten erfreute, nur 19 auf uns gekommen sind, also von keinem andern Dramatiker ein solch hoher Prozentsatz seiner Schöpfungen sich erhalten hat. Der Grund davon liegt nun nicht bloß in dem inneren Werte der Aristophanischen Komödien — denn hierin stehen ihm wohl die drei Tragiker nicht nach — sondern sicher vor allem in der Thatsache, daß die Gelehrten frühester und späterer Zeiten sich viel mit ihnen beschäftigt haben. Haben wir ja doch diese gelehrten Arbeiten, insbesondere die Scholien zu Aristophanes, in weit reichlicherem Maße, als zu jedem der Tragiker, wenn dieselben auch freilich unverkennbar aus oft sehr weit auseinanderliegenden

---

[1]) O. Schneider führt in § 27 seiner Abhandlung: De veterum in Aristophanem scholiorum fontibus, Sundiae, Loefflor, 1838, 20 Namen von früheren und späteren Grammatikern, die alle, wie er sagt, förmliche Kommentare zu Aristophanes geschrieben haben.

Zeiten stammen, und die ältesten Scholien durch Zusätze und Streichungen der Späteren, namentlich der Byzantiner, viel gelitten haben. Auch gilt es hinsichtlich ihres Wertes jetzt für ausgemacht, daß sie nach denen zu Homer die besten Scholiensammlungen sind, die wir aus dem Altertum haben. Dieselben wurden schon frühe aus den einzelnen Werken der alten Grammatiker zusammengetragen von Didymos, Helioboros, Symmachos, Phaeinos u. a. Aus diesen haben dann, wie es scheint, Spätere wieder Auszüge gemacht, während im byzantinischen Zeitalter durch Tzetzes, Thomas Magister, Triklinios Scholien von ganz geringem Werte hinzukamen. Daß Suidas noch einen volleren, reineren Text der Aristophanesscholien vor sich hatte, ist gewiß, und sicher ist die Mahnung Egenolff's in Bursians Jahresbericht 46. Bd. 14. Jahrg. 1886, S. 165, die er gelegentlich eines Referates über R. Schnee, „Ein Beitrag zur Kritik der Aristophanesscholien", Berlin 1878 ergehen läßt, daß ein zukünftiger Herausgeber der Scholien an den betr. Stellen die Ergänzungen, welche Suidas bietet, in den Text der Scholien aufzunehmen habe, zu beachten. Jedoch mit der Ansicht Dr. Gg. Lukas „Das häusliche Leben in Athen zu den Zeiten des Aristophanes" I. Teil S. 9[1]) kann ich nicht übereinstimmen, wo er sagt: „Aus diesen weitläufigen Sammlungen von Erklärungen (sc. wie sie Didymos, Helioboros und Symmachos machten) wurden mehrere Auszüge für die gelesensten Komödien des Aristophanes gemacht, welche von verschiedenen Männern herrührend, nach Bedürfnis bald kürzer bald ausführlicher waren, und d i e, v o n S u i d a s . . . . i n e i n e n A u s z u g g e b r a c h t, im wesentlichen die Sammlung der „älteren Aristophanischen Scholien" ausmachen."

All diese Scholien nun wurden schon früh herausgegeben teils durch die ed. Ald. des M. Musurus v. J. 1498, teils die Florentinerausgabe des Francinus v. 1525. Später erschien dann die Ausgabe Kusters, Amsterdam 1710, ferner die von Brunck, Straßburg, 1781—83, sowie die große von Invernizi, fortgesetzt von Beck und beendigt von W. Dindorf 1794—1834, vol. X—XII; sodann in Imm. Bekkers Aristophanesausgabe in 5, B., London 1829, vol. II. — Auch Dindorf gab sie noch einmal heraus in seiner Ausgabe des Aristoph. Ox. 1835—39. tom. IV. p. I—III. — Die umfassendste Scholienausgabe endlich ist die von Fr. Dübner, Paris, Didot, 1842 u. 1855. Nach dieser letzten werde ich auch den Text der von mir besprochenen Stellen geben, bezw. nach ihr citieren.

---

[1]) Programm des k. k. I. Staatsgymnasiums in Graz v. J. 1878. — Der zweite Teil dieser interessanten Schrift erschien als Programm des k. k. Staatsgymnasiums in Weidenau 1881.

Die Thätigkeit der Alexandriner zu Aristophanes war breifacher Natur:
1) Sie berichtigten den Text, der dann für alle späteren Zeiten giltig blieb und setzten ihre kritischen Zeichen hinzu. Wenigstens wissen wir das sicher für Homer und Hesiod und dürfen es wohl auch für Aristophanes annehmen; vgl. Christ, griech. Lit. 236.

2) Verfaßten sie sog. ὑποθέσεις oder kurze Angaben über Inhalt, Aufführung u. s. w. der einzelnen Stücke. Ueber diese werde ich weiter unten eingehender zu sprechen haben.

3) Gaben sie einen fortlaufenden kritisch-exegetischen Kommentar, worin sie besonders wertvolle Angaben über griechische Altertümer, dann über athenische Privatverhältnisse, persönliche Anspielungen, endlich auch literarhistorische Notizen über gleichzeitige Dichter und deren Werke brachten. Diese sind uns von unschätzbarem Werte, weil wir sonst wenigstens die Hälfte der komischen Stücke überhaupt nicht verstehen würden. Bezüglich des Aristophanes Byz. vgl. Schneidewin d. hyp. p. 26 und Böckh, CIG I, 350, von Aristarch weist es Gerhard (s. ob. S. 8) nach und hinsichtlich beider und der übrigen Alexandriner verweise ich auf O. Schneider §27.

4) Verfaßten sie zusammenhängende Schriften über die Komödie. Außer dem in § 1 erwähnten Werke des Eratosthenes περὶ κωμ. beschäftigten sich auch Lykophron, Eumelos, Aristophanes Byz. mit der Komödie, wobei sie eben wohl die vorausgegangenen Arbeiten des Aristoteles und seiner Schüler wie Dikäarch benützt haben mögen.

Doch von diesen 4 Gattungen der philologischen Thätigkeit der Alexandriner habe ich für gegenwärtige Schrift nur die zweite zum Thema gewählt, soweit sich dieselbe auf den Komiker Aristophanes erstreckt, so daß ich also von den uns erhaltenen Hypotheseis zu den Stücken dieses Dichters nur jene herausgreife, welche ich, wenn nicht direkt, so doch in letzter Linie auf jene Gelehrte zurückführen zu können glaube.

„Ὑπόθεσις" sollte nach der ursprünglichen Bedeutung soviel sein wie ἃ ὑπόκειται, also der einem Stücke zu grunde liegende Stoff, Inhaltsangabe. Doch dieser Begriff wurde bald unter den Händen der Literarhistoriker erweitert, indem auch anderes mit eingemischt wurde, was für die Nachwelt wissenswert war. Solche Hypotheseis wurden nun schon in frühester Zeit verfaßt und den einzelnen Stücken vorangesetzt und zwar in prosaischer Form. Es finden sich nun allerdings zu einer Anzahl von dramatischen Werken auch solche in Versen, — die meisten zu Aristophanes — aber diese gehören, wie wir weiter unten in Kürze sehen werden, nicht in das Bereich gegenwärtiger Untersuchung.

Jene erfteren, profaifchen, von denen die Mehrzahl der zu den Tragödien gefchriebenen nach Schneidewin und Trendelenburg den Ariftophanes Byz. zum Verfaffer hat, enthielten nun 1) eine Inhaltsangabe, die ὑπόθεσις im eigentlichen Sinne, 2) Angaben über die Oekonomie des Stückes, nämlich über die Scene, die auftretenden Perfonen, den Chor, den Sprecher des Prologs u. f. w., 3) den Hauptgedanken, 4) ein kunftkritifches Urteil über den äfthetifchen Wert des Stückes, 5) Mitteilungen über den Erfolg, den dasfelbe bei den Zeitgenoffen des Dichters errang, alfo über die Aufführung, die Cenfur, die es von feiten der Preisrichter erhielt, über die Mitbewerber und deren Erfolg mit ihren Dramen, Umarbeitung, 6) Bemerkungen über etwaige Behandlung des gleichen oder ähnlichen Stoffes durch denfelben oder andere Dichter. 7) die Nummer des Stückes in der Reihe der Werke des Verfaffers. (f. Trendelenburg a. a. O. S. 4.) — Und die Mehrzahl diefer Punkte finden wir auch in den Hypothefeis zu Ariftophanes.

Zeigen nun diefe Arbeiten fchon durch den behandelten Stoff, daß bereits die älteften Vertreter unferer Wiffenfchaft ihre Aufgabe im weiteften Umfange erfaßt hatten, daß fie γραμματικοί im vollften Sinne des Wortes waren, die fich mit den fchriftlichen Denkmälern der Vergangenheit eingehend befchäftigten, fo ift es ficher nicht ohne Intereffe, diefe Hypothefeis fpeziell zu einem Schriftfteller, Ariftophanes, foweit wir fie noch haben, einer näheren Betrachtung nach Inhalt und Form zu unterziehen, und zwar das letztere deshalb, weil fie uns kaum fo erhalten fein dürften, wie fie urfprünglich gefchrieben wurden. Denn das Schickfal der rückfichtslofen Verftümmelung, das die gefamte Scholienfammlung überhaupt hatte, teilten eben auch diefe fpezififch literarhiftorifchen Arbeiten. Es fanden auch meines Wiffens die Hypothefeis zu Ariftophanes noch nicht die Beachtung, die ihnen gebührt, weil man, feitdem fich die Einficht geltend gemacht hat, daß vieles in den Scholien jung und von geringem Werte ift, fich allzu gern verleiten läßt, die Körner mit der Spreu fortzufchütten.

Sodann fchrieb Schneidewin a. a. O. S. 36: „De hypothesibus ἀμέτροις fabularum Aristophanis Comici, quas ex parte et ipsas a Byzantio Grammatico profectas esse veri simile est, dicere complures ob caussas in aliud tempus differo." Da ich aber nicht in Erfahrung bringen konnte, daß derfelbe das wirklich gethan habe, fo war das ein Grund mehr für mich diefer Arbeit näher zu treten. Befonders intereffant aber ift es gerade diejenigen unter den Hypothefeis zu betrachten, welche in der früheften Zeit gefchrieben wurden unter Benützung der älteften zuverläffigften Quellen. Denn nicht bloß ziehen fie uns an durch ihre klare, präcise Sprache, sondern am allermeisten deshalb, weil sie ein doppeltes Urteil enthalten: einmal das der ganzen athenischen Gesellschaft, gefällt durch den Mund der bestellten Kampfrichter, dann das der berufensten Männer der Wissenschaft, welche in vielseitigster Beschäftigung mit der Literatur sich klares Urteil und geschärften ästhetischen Sinn angeeignet hatten.

Zu den 11 Komödien des Aristophanes sind uns im ganzen 30 in Prosa und 10 in Versen abgefaßte Hypotheseis erhalten, nämlich in Versen zu jeder eine mit Ausnahme der Thesm. und in Prosa zu Ach. 1, Equ. 2, Nub. 9, Vesp. 1., Pax 3, Av. 3, Lys. 1., Thesm.[1]) 1, Ran. 3, Eccl. 1, Plut. 5.

Von vornherein muß ich aber jene 10 in Versen von meiner Untersuchung ausschließen. Freilich tragen merkwürdiger Weise 7 derselben den Namen des alexandrinischen Grammatikers Aristophanes von Byzanz (lebte um 262—185), welcher nach Suidas 15 Jahre lang, etwa von 200 an[2]), das wichtige Amt eines Bibliothekars in Alexandria bekleidete.

Wie dieselben zu der Ehre kamen als Werk des berühmten Literarhistorikers bezeichnet zu werden, darüber läßt sich kaum eine Vermutung aufstellen. Möglich, daß die Ueberschrift, „Ἀριστοφάνους ἡ ἱππέων die wir in cod. Ven. lesen, einst hieß ὑποθ. Ἀρ. ἱππ.", und daß sich, nachdem sie einmal falsch gelesen war, auch bei den übrigen fälschlicher Weise der Name des Ar. Byz. einschlich, den ein Späterer dann noch durch den Zusatz γραμματικοῦ genauer bezeichnen zu müssen glaubte.

Daß diese metrischen Hypotheseis nach Inhalt und Form nicht von Ar. Byz., ja überhaupt nicht alexandrinisch sind und sein können, vielmehr in eine ganz späte byzantinische Zeit zu verweisen sind, hat Aug. Nauck nachgewiesen in seinem Buche Aristophanis Byz. gramm. Alex. fragmenta p. 256, und darin stimmen ihm auch Schneidewin a. a. O. p. 32, u. 33, sowie Dindorf, poet. scen. Gr. ed. V. 1869 unter „Aristophanes" p. 2 Anm. b und ebenso in seiner praef. ad schol. Soph. vol. 2. p. XXII bei.

Uebrigens lehrt schon eine flüchtige Betrachtung derselben, daß sie nicht von einem Gelehrten Alexandrias stammen können. Denn dieses schale Hersagen des Inhalts verträgt sich schlecht mit der ernsten Thätigkeit

---

[1]) Die zu Thesm. ist in einem sehr dürftigen Zustande und in den Ausgaben auch gar nicht eigens als Hyp. bezeichnet.

[2]) Vgl. hierüber Fr. Ritschl, „Chronologie der ersten alex. Bibliothekare" die Zusammenstellung S. 90., beigegeben als Anhang zur Schrift des gleichen Verfassers: „die alex. Bibliotheken unter den ersten Ptolemäern", Breslau, Aderholz, 1838.

jener Gelehrten. Noch mehr aber zeugt für einen viel späteren Verfasser
die Rücksichtslosigkeit, mit der sich derselbe über alle Regeln der Metrik
hinwegsetzt. So steht z. B. in Ach. hyp. II. unter den 10 Versen dreimal
am 2. und zweimal am 4. Fuße ein Anapäst u. v. 4 trägt eher den
Charakter eines anapästischen als eines jambischen Verses:
παρὰ τῶν Λακεδαιμονίων δὲ μετὰ τούτους τινές.
Ebenso finden wir Nub. hyp. IV. unter 10 V. 1mal am 2., 2mal am
4. Fuße einen Anapäst und 2mal am 2., 5mal am 4. Fuße einen Spon-
deus; ferner Vesp. hyp. II. unter 10 V. 4mal am 2. F. einen Anapäst,
dann Pac. hyp. IV. 1mal am 2., 1mal am 4. F. einen Anapäst und
1mal am 4. F. einen Daktylus. (Diese Hyp. ist auch im Text sehr
lückenhaft, wie z. B. v. 5 und 9 sich in ihrer gegenwärtigen Gestalt gar
nicht in einen Vers fügen) u. f. w.

Indessen fällt auch von den 30 in Prosa geschriebenen Hypothesis
nur ein Teil in den Kreis meiner Untersuchung, denn auch von ihnen
offenbart sich etwa die Hälfte als müßiges Geschreibsel redeseliger Byzantiner ohne inneren Gehalt, oder sie sind, aus den ältern zusammengesetzt
oder exzerpiert.

Demnach obliegt mir die Aufgabe:
1) unter den uns zu Aristophanes durch die Handschriften überlieferten
Hypothesis diejenigen herauszusuchen, welche auf ältere Verfasser und zwar
speziell auf Alexandriner zurückgehen,
2) dieselben auf ihren Inhalt und literarhistorischen Wert zu prüfen,
3) womöglich die Quellen für die einzelnen Hyp. nachzuweisen und damit endlich
4) die im „Rheinischen Museum, neue Folge, 33, 1878, S. 405—407
von Fr. Leo, „Bemerkungen zur attischen Komödie" 2. Abs. entwickelte
Ansicht zu widerlegen, die er selbst im Schlußsatz S. 407 zusammenfaßt
mit den Worten: „Das Resultat ist also erstens, daß die in Alexandria
zu den Komödien abgefaßten Argumente nur die eigentliche ὑπόθεσις (die
wohl in keinem Falle auf uns gekommen ist) und die eigentliche διδασκαλία
enthielten, diese mit den Notizen über διασκευαί, zweite Aufführungen u. dgl.;
zweitens, daß in byzantinischer Zeit neue Argumente nach dem Schema der
tragischen abgefaßt wurden, die, zu verschiedenen Zeiten vielfach redigiert
und zersplittert, in den erhaltenen ὑποθέσεις vorliegen." Die gleiche Ansicht scheint auch Richter, prolegg. Vesp. p. 21 gehabt zu haben, wenn
er sie dort auch nicht so bestimmt ausspricht.

Inwieweit es mir gelingt, dieses absprechende Urteil Leos zu beseitigen und dadurch die Hypotheseis einigermaßen zu Ehren zu bringen, muß ich freilich der sachverständigen Beurteilung meiner Leser überlassen. Doch selbst wenn das Urteil ein negatives würde, so wollte ich mich auch mit dem geringeren Erfolge begnügen und für meine Mühe belohnt fühlen, wenn es mir gelänge die Aufmerksamkeit aller Freunde des Aristophanes auch auf diesen Teil der Arbeiten der alten Erklärer zu lenken.

§ 3.
Didaskalien.

Von den Hypotheseis müssen naturgemäß jene als die ältesten und wichtigsten bezeichnet werden, deren Verfasser aus solchen Quellen geschöpft haben, welche der Zeit nach am weitesten zurückgehen. Denn wenn etwa auch spätere unberufene Hände dieselben verunstaltet haben, so kann uns doch dieser Umstand nicht hindern, sie als die ältesten zu bezeichnen.

Die ältesten Quellen können aber nur jene sein, die aus derselben Zeit stammen, wo die Komödien aufgeführt wurden.

Können wir nun aus dem Stoffe gewisser Hypotheseis schließen, daß sie, wenn auch nicht direkt, so doch in letzter Linie auf solche gleichzeitige Quellen zurückgehen? Diese Frage müssen wir entschieden bejahen. Es sind das nämlich jene mit bidaskalischem Inhalt.

Ueber die Bedeutung des Wortes διδασκαλία hat Richter prol. Vesp. p. 2 und ff. in sehr ausführlicher Weise gesprochen. Doch sucht derselbe gar zu viele Bedeutungen aus dem Worte herauszubringen. Nach ihm bedeutet es nämlich 1) der durch die Poesie erzielte Unterricht des Publikums (prodesse), 2) jedes Stück eines Dichters, 3) jedes aufgeführte Stück, 4) der Agon mehrer dramatischen Stücke, 5) das amtliche Aufführungsprotokoll, 6) (im Plural gebraucht) ein Sammelwerk solcher Protokolle. Das Richtige dürfte indes folgendes sein: Das Wort bedeutet 1) die Einübung des Stückes mit den Schauspielern und dem Chore; davon übertragen kann das Vorzeigen der fertigen Einübung, nämlich 2) die Aufführung selbst. Auf beides bezieht sich wohl Soph. Antig. hyp. φασὶ δὲ τὸν Σοφοκλέα ἠξιῶσθαι τῆς ἐν Σάμῳ στρατηγίας εὐδοκιμήσαντα ἐν τῇ διδασκαλίᾳ τῆς Ἀντιγόνης. In dieser Bedeutung findet sich das Wort oft. Nur eine Stelle möchte ich noch anführen, die zugleich beweist, daß es auch dann in dieser Bedeutung gebraucht wurde, wenn die Aufführung durch andere geschah. Plut. vit. X or. Jsocr. 46, p. 839 D über Aphareus: διδασκαλίας καθῆκεν ἓξ καὶ δὶς ἐνίκησε διὰ Διονύσου

καθείς καὶ δι' ἑτέρων ἑτέρας τῶν Διδασκαλίας. — Daraus entstand nun gerade so wie aus vita und βίος „das schriftlich dargestellte Leben, die Lebensbeschreibung" wurde, in unserem Falle 3) die Beschreibung der Aufführung oder das amtliche Protokoll, und der Plural davon ein Sammelwerk von dramatischen Aufführungsberichten, wie ein solches nach ganz bestimmten Zeugnissen Aristoteles geschrieben hat. Doch davon später.[1])
    Daß aber solche unter Nr. 3. erwähnte amtliche Berichte in Griechenland und zwar speziell in Athen gefertigt wurden, ist gewiß. Denn durch die früher von Böckh, CIG I, Nr. 230 und dann von Köhler CIA, II, 2, Nr. 972—975 veröffentlichten didaskalischen Urkunden, die in der Nähe des Dionysostheaters gefunden wurden, ist es unzweifelhaft dargethan daß amtliche Protokolle in Stein gemeißelt aufgenommen wurden. Ja es müßte uns geradezu auffallen, wenn die Athener, die so gerne alles irgendwie Merkwürdige durch Inschriften verewigten, über die Feier der Dionysosfeste, die nach den Panathenäen wohl das höchste Ansehen genossen und mit der größten Feierlichkeit begangen wurden, keine Urkunde aufgenommen hätten.
    Neben diesen öffentlichen Berichten gab es ferner auch didaskalische Denkmäler privater Natur. Wie nämlich die lyrischen Choregen einen von ihnen gewonnenen Sieg zu verherrlichen pflegten durch ein prächtiges Denkmal, auf welchem der als Preis erhaltene Dreifuß ruhte, und das zugleich eine die Bedeutung des Denkmals verkündende Inschrift trug,[2]) so wurden auch für die dramatischen Aufführungen Denkmäler aufgestellt, diese freilich einfacherer Natur, meist nur bestehend aus Tafeln mit bezüglichen Inschriften.[3]) Ein solches wird erwähnt von Themistokles, Plut. Them. V. p. 114, und CIA Nr. 226b, p. 909 und CIG Nr. 228, p. 349. Aber auf diesen

[1]) Eine Ansicht Buhls will ich indessen schon hier wegen ihrer Merkwürdigkeit erwähnen. Derselbe sagt nämlich bei Ersch und Gruber V p. 282, dieses Werk und andere ähnlichen Inhalts von Aristoteles hätten zum Unterrichte Alexanders gehört. — Ebenso wenig Zustimmung dürfte jetzt noch Lessings Ansicht (Hamb. Dram. 101—104 St., Ausg. v. Reclam, IV. 313) finden, daß Aristoteles in den Didaskalien über die poetischen Vorzüge und den bildenden Einfluß der dramatischen Dichtungen habe sprechen wollen, weshalb er (Lessing) selbst schon willens gewesen sei das Blatt hamburgische Didaskalien zu nennen.
[2]) Das bekannteste Beispiel dieser Art ist das Denkmal des Lysikrates, errichtet für einen Sieg mit einem Knabenchor. Solche müssen in Athen viele aufgestellt worden sein, denn eine Straße hatte davon ihren Namen Τρίποδες; sie zog sich am Nordostabhange der Akropolis hin ἀπὸ τοῦ Πρυτανείου (Paus. I, 20, 1).
[3]) s. G. Oehmichen, das Bühnenwesen der Griechen und Römer (V. Bd. 3. Abt. von J. v. Müller, Handb. d. kl. Altertumswissensch.) S. 199.

Inschriften war nur das verzeichnet, was zur Verrherrlichung des Sieges dienen konnte, also der Archon, der Chorege und der Dichter, mit dessen Stücken er gesiegt hatte. Daß auch der Name der Phyle auf solchen choragischen Denkmälern gestanden haben sollte, die einen dramatischen Sieg feierten, ist mehr als unwahrscheinlich und betrachte ich den Versuch J. Richters prolegg. Vesp. p. 10 in obigem Denkmal die Phyle einzusetzen für nicht zutreffend. Doch hierüber f. u. § 8.

Endlich gab es noch eine dritte Art von Aufzeichnungen über die dramatischen Spiele in Athen, ich meine 1) die große dionysische Siegerliste, von der, da sie nur in sehr defektem Zustande erhalten ist, Bruchstücke publiziert wurden CIA II, 2, 971 a—e und zwei weitere in Ἐφημ. ἀρχ. 1886 S. 268 u. 1887 S. 23. Dieselbe enthält die Sieger in den großen dionysischen Stadtagonen seit Einführung derselben i. J. 472[1]) und ist auch deshalb interessant, weil sie den Zeitpunkt der Einführung der tragischen Schauspielerwettkämpfe, nämlich 456, ersehen lassen. 2) gab es noch den ἀστικὸς κατάλογος, den Leo, Rh. M. 34, 1879, 292—333 behandelt hat[2]). Derselbe war nämlich ein Verzeichnis der in einer gewissen Reihe von Jahren (er reichte bis 256 v. Chr.) preisgekrönten Dichter mit Hinzusetzung der Anzahl der von ihnen errungenen Siege. Jede Klasse, Tragiker und Komiker, zerfiel in 2 Abteilungen, in ἀστικαὶ und ληναϊκαὶ νῖκαι. Doch war derselbe erst in der Zeit des peloponnesischen Krieges begonnen und dann eben später fortgesetzt und ergänzt worden und war wohl auf der Burg aufgestellt. f. Leo a. a. O. S. 333 A. 1.

Diese drei also, die amtlichen Protokolle, die choragischen Denkmäler und die dionysische Siegerliste sowie der ἀστ. καταλ. bildeten die Quellen, aus denen die späteren bibaskalischen Sammelwerke flossen.

Aristoteles vor allem verfaßte unter weiser Benützung dieser Quellen sein Werk Διδασκαλίαι. Sicher dürfen wir in der Grundanlage desselben die Teilung nach Tragikern und Komikern, sowie nach städtischen Dionysien und Lenäen annehmen, aber ebenso sicher ist wohl auch das, daß Aristoteles nicht einfach diese Urkunden abgeschrieben hat, sondern daß er durch Vergleichung und gegenseitige Ergänzung dieser Quellen möglichst voll-

---

[1]) Nachgewiesen von Oehmichen, der sie besprochen hat in: „Ueber die Anfänge der dramatischen Wettkämpfe in Athen", Sitzungsberichte der philos.-philol. u. hist. Klasse d. k. b. Akademie d. Wiss. zu München 1889. Bd. II, Heft I p. 141—150.

[2]) Neu herausgegeben CIA II, 2, 977 und neuerdings besprochen von Oehmichen in der eben angeführten Abhandlung p. 151 u. ff.

ständige Berichte gegeben hat, so daß er für alle späteren Werke ähnlicher Art authentische Quelle wurde. Gottfr. Hermann dürfte wohl mit seiner Ansicht, opusc. III, p. 264, diss. d. Rhes. trag., daß die chronologischen Bestimmungen in den Didaskalien von den Gelehrten nur durch Zeugnisse und Schlüsse gefunden worden seien, Unrecht haben. Ja, er würde wohl, wenn er damals schon die jetzt bekannten Inschriften gehabt hätte, kaum sich so geäußert haben. Dagegen hat sich Aug. Böckh, „Ueber den Unterschied der attischen Lenäen und ländlichen Dionysien," ges. kl. Schr. V, S. 110 über die Didaskalien in richtiger Würdigung ihres Wertes folgendermaßen ausgesprochen: „Ich wage es zu sagen: die Didaskalien sind nächst den Münzen und Inschriften und den Werken der ersten Geschichtschreiber die lautersten und zuverlässigsten Quellen, gleichzeitige Urkunden über die wirklich aufgeführten Stücke, gesammelt von Schriftstellern, denen eine längst untergegangene Welt von Denkmälern offen lag, von Aristoteles, Dikäarch Kallimachos, Aristophanes von Byzanz, Apollodor, („Apollodor hat die Didaskalien wohl nur benützt" Anm. der Herausgeber Eichholtz und Bratuscheck) Eratosthenes und andern, die nicht aus ihrem Kopfe noch nach Meinung, sondern aus Nachrichten sie zusammensetzten, wobei außer Versehen der Sammler oder Schreibfehlern kein Irrtum unterlaufen konnte: und ich bedaure, daß auch Spalding (De Dionys. S. 75) sich dieser Verachtung der Didaskalien teilhaftig machte. Schlimm genug, daß schon Kallimachos sie tadelte: Eratosthenes wies ihm sogleich nach, daß er nur aus Mißverstand dazu kam."

Darum wurde denn auch das Werk des Aristoteles so häufig benützt und findet sich noch sehr oft bei den Späteren, besonders in den Scholien, citiert, bald mit Angabe des Verfassers, meistens ohne dieselbe, aber dann immer mit dem bestimmten Artikel, so daß es schon damit als allgemein bekanntes Werk bezeichnet wird[1]). Die Fragmente desselben hat V. Rose, Aristot. pseud. S. 550—561 gesammelt. Ob die weiteren zwei von ihm angeführten Werke: νῖκαι Διονυσιακαί und περὶ τραγῳδιῶν, von den Didaskalien verschieden waren, und in wiefern dann auch hiezu jene Quellen benützt wurden, können wir beim gänzlichen Mangel an Nachrichten über dieselben nicht mehr entscheiden.

Die Achtung vor des Aristoteles Didaskalien ging sogar soweit, daß der Verfasser des κατάλογος ἀστικός, wie Bergk, Rh. M. 34, 1879, S.

---

[1]) So schol. Ar. Plut. v. 385; Nub. 549, 552; Ran. 67, 1026, 1028, 1124; Vesp. 1031; Pac. hyp. III. — Mit Angabe des Verfassers: schol. Av. v. 281, 1379.

295 sagt, aus ihm schöpfte und sich so seine Arbeit bedeutend erleichterte. Denn er hätte eben das Material dazu aus den gleichen Quellen, den didaskalischen und choragischen Denkmälern schöpfen und zusammenstellen müssen, was ja, von Aristoteles mit größter Gewissenhaftigkeit gesammelt, schon vorlag. Natürlich ergänzt auch umgekehrt dieser Katalog wenigstens teilweise das Aristotelische Werk und gibt uns einen, wenn auch kleinen, Ersatz für die verlorenen Teile desselben und die spätere Zeit.

Ebenso hat wohl auch des großen Philosophen Schüler Dikäarch diese öffentlichen Quellen, sei es nun unmittelbar oder vielleicht schon in der Verarbeitung durch seinen Meister, benützt zu seinen beiden Schriften περὶ μουσικῶν ἀγώνων und περὶ Διονυσιακῶν ἀγώνων.

Später erfolgte dann eine weitere Verwertung des Quellenmaterials, freilich fast ausschließlich nur indirekt, durch die Alexandriner, indem dieselben wohl größtenteils die Sammlung des Aristoteles benützt haben, welche zu ihrer Zeit, wie aus sch. Nub. 552 ersichtlich ist, noch vorhanden war.

Der erste derselben war Kallimachos in seinem Πίναξ. Da dies Werk aber, wie 'erwähnt, mehr einen bibliographischen Zweck hatte, so hatte der Verfasser auch weniger Veranlassung seine Quelle eingehender zu studieren, wodurch er sich allerdings auch den Tadel des Eratosthenes zuzog.

Letzterer selbst dagegen verarbeitete das gegebene Material durch systematische Behandlung wissenschaftlicher Fragen über Didaskalien, historische Anspielungen, Umarbeitungen u. s. w. in seinem Werke περὶ κωμῳδίας.

Die ausgiebigste Benützung der Didaskalien machte jedenfalls Aristophanes von Byzanz, der nicht bloß Ergänzungen und Berichtigungen zum Pinax des Kallimachos herausgab,[1]) sondern auch zu den dramatischen Dichtern und eben auch zu Aristophanes ὑποθέσεις schrieb[2]).

---

[1]) Athen. IX. 408. F: Ἀριστοφάνης ὁ γραμματικὸς ἐν τοῖς πρὸς τοὺς Καλλιμάχου πίνακας.

[2]) Et. M. p. 672. 27. Πίναξ: Ὁ δὲ Χοιροβοσκὸς εἰς τὸ ἀνεκφώνητον λέγει. Πίνακάς φησιν, ἐν οἷς αἱ ἀναγραφαὶ ἦσαν τῶν δραμάτων· ὁ οὖν Καλλίμαχος ὁ γραμματικὸς ἐποίει πίνακας, ἐν οἷς ἦσαν αἱ ἀναγραφαὶ παρὰ τῶν ἀρχαίων· οἷς ἐντυχὼν ὁ γραμματικὸς (Bernhardy, Lit. I, 184, 3. Bearb. fügt bei: l. ἦσαν ἀναγρ. ποιητῶν ἀρχαίων· οἷς ἐντ. Ἀριστοφάνης ὁ γρ.) ἐποίει τὰς ὑποθέσεις τῶν δραμάτων.

Von den übrigen hervorragenden Alexandrinern scheint Aristarch weniger jene Quellen herangezogen zu haben; denn derselbe beschäftigte sich hauptsächlich mit Texteskritik — und seine Arbeiten bezeichnen die Blüte der alexandrinischen Gelehrsamkeit in diesem Zweige — und mit Erklärung der Schriftsteller aus ihnen selbst, wie denn auch die Anzahl der von ihm verfaßten ὑπομνήματα an 800 betragen haben soll, worunter eines zu Aristophanes (s. Gerhards Schrift d. Arist. Ar. interpr.) — Dasselbe gilt von Krates aus Mallos. —

Von Antigonos, gewöhnlich nach seiner Vaterstadt Karystos auf Euböa Karystios genannt, nimmt Richter, prol. Vesp. S. 17 an, daß er aus den Didaskalien die Dichter zusammengestellt habe, welche gleiche oder ähnliche Stoffe behandelten, (also = κεῖται ἡ μυθοποιία.) Man glaubte auch, daß von ihm die in den Hypotheseis stehenden Olympiadenzahlen seien. Doch über diese beiden Punkte werde ich später noch zu sprechen haben.

Wir haben nun zu 9 Stücken des Komikers Aristophanes Didaskalien b. h. Aufführungsberichte und zwar im Ganzen 11, nämlich zu Av. und Ran. je 2, während zu Thesm. und Eccl. eine solche fehlt. Dieselben sind zwar vielfach verstümmelt, aber immerhin erkennt man selbst in dieser ihrer fragmentarischen Gestalt noch genau, daß sie aus einer und derselben Quelle stammen und diese Quelle war gewiß Aristoteles oben besprochenes Werk Διδασκαλίαι, aus welchem seinerzeit der Verfasser der Hypotheseis — und solche hat ja, wie wir hörten und auch noch weiter sehen werden, Aristophanes Byz. geschrieben — sie nahm.

Die Didaskalien sind nun meistens in Hypotheseis enthalten, die auch andere Punkte behandeln. Nur in zweien ist dies nicht der Fall. Es sind dies Plut. hyp. IV und Nub. hyp. V. Darum will ich diese zuerst einer näheren Betrachtung unterziehen.

§. 4.

Plut. hyp. IV.[1]

Diese Hypothesis ist wohl die interessanteste von allen, die wir zu Aristophanes haben. Denn sie enthält zwei hochwichtige Mitteilungen, nämlich daß Aristophanes bei der Aufführung seines Plutos vier Konkurrenten hatte, und daß dieses das letzte Stück war, das er selbst aufführte. Freilich ist auch wieder zu bedauern, daß die eigentlichen didaskalischen Angaben nicht vollständig sind.

---

[1] cod. R. u. V. — Dübner S. 323, 21—25 b.

Was nun den ersten Punkt betrifft, so muß die Erwähnung von fünf Preisbewerbern auffallen, da in keiner der übrigen Hypotheseis eine derartige Mitteilung enthalten ist. Ich dachte früher daran, ob nicht am Ende hier durch Ungeschicklichkeit der späteren Excerptoren die Didaskalien des ersten und zweiten Plutos miteinander vermengt worden seien.[1]) Sch. v. 173: "Αλλως, ὡς ἀεὶ ξενικὸν bis Σικυῶνι, das offenbar aus dem Kommentar zum ersten Plutos genommen ist, würde diesen Gedanken wohl rechtfertigen. Auch glaubt A. Meineke frgt. com. I, 211, der Admet des Aristomenes sei mit dem ersten Plutos aufgeführt worden. (vgl. Th. Kock, Com. Att. frgt. I., p. 690). Doch kam ich bald zur Ueberzeugung, daß eine solche Annahme nicht möglich oder wenigstens nicht wahrscheinlich ist. Denn die 4 Gegner des Aristophanes, Nikochares, Aristomenes, Nikophon und Alkaios, blühten fast alle erst, als dieser bereits hochbetagt war, und der Stern der alten Komödie sich schon zum Untergange geneigt hatte. Nur Aristomenes hatte sich schon i. J. 424 mit unserem Dichter gemessen, als dieser die Ritter, er selbst aber die Ὑλοφόροι aufführte.[2]) Auch ist wohl zu bedenken, daß uns vom ersten Plutos sonst gar nichts bekannt ist als die Aufführungszeit (f. das ob. angef. Schol.) und dürfte es äußerst unwahrscheinlich sein, daß uns die Namen der damaligen Konkurrenten des Aristophanes erhalten sind, während wir von seinem Stücke nichts wissen. Denn auch die Fragmente desselben (Kock, Com. Attic. fr. I, p. 505)

---

[1]) Später fand ich, daß schon E. Aug. Struve, De Eupolidis Maricante, Kiel, 1841, S. 32 diese Ansicht äußerte und sogar die beiden Didaskalien rekonstruierte.

[2]) In der dionysischen Komikerliste, CIA II, 2, Nr. 977 ist fr. d Z. 5 Aristomenes mit 2 Siegen erwähnt, ebenso fr. e Z. 5 Nikophon (die Zahl der Siege verloren.) Da aber fr. d nach Z. 11 sechs Zeilen fehlen, in welche Lücke die Zeit des Aristophanes hineingehört, so sehen wir daraus, daß die 3 anderen später waren, denn Nikochares und Alkaios sind zwar nicht auf dieser Liste zu finden, aber der erstere steckt in fr. e Z. 8 N [.....], der andere vielleicht ebenda Z. 12 [.....]ς/ (Vgl. Oehmichen, Sitzungsber. a. a. O. S. 152.) — Da nach den bidaskal. Nachrichten Aristophanes selbst nur mit den Rittern gesiegt hat (vielleicht auch) noch) mit dem Proagon f. § 9), diese aber an den Lenäen aufgeführt wurden, so ist es klar, daß er in der dionysischen Komikerliste gar nicht erscheint. In der lenäischen Komikerliste selbst hat ihn Oehmichen S. 163 wohl richtig eingesetzt. Denn weil von Krates an für 6 Dichter 11 Siege angegeben sind, so treffen für die 14 Dichter etwa 25—26 Siege oder Jahre. Da aber Krates 449 zum erstenmale siegte, so führt dies auf (450—26) 424, das Aufführungsjahr der Ritter.

sind die denkbar spärlichsten. Im übrigen erklärt sich die Thatsache, daß mehr als drei Dichter um den Preis stritten, doch leichter als es scheinen möchte. Wir haben nämlich hiefür auch andere Beweise. Es heißt bei Jsae. d. Dicaeog. hered. § 36 : οὗτος γὰρ τῇ μὲν φυλῇ εἰς Διονύσια χορηγήσας τέταρτος ἐγένετο τραγῳδοῖς καὶ πυρριχισταῖς ὕστατος; dabei kann immer noch ein anderer der fünfte gewesen sein. Sodann steht CIG I, Nr. 231 (= CIA II, 2, Nr. 972) ein Bericht über die Aufführungen der Jahre 354 und 353. In beiden Fällen sind ebenfalls f ü n f k o m i s c h e D i c h t e r a l s P r e i s b e w e r b e r genannt, wie in der ersten Stelle 4 (wenn nicht 5) Tragiker bezeugt sind. Die angeführten Fälle haben aber das gemeinsam, daß sie sämtlich in's 4. Jahrhundert fallen, während wir aus früherer Zeit keine ähnliche Nachricht besitzen. Es liegt also der Schluß nahe, den H. Usener, Symb. ph. Bonn. 583—600, „Nachträge zur Geschichte des attischen Dramas"[1]) gezogen hat, daß für die ganze Zeit der mittleren und neueren Komödie diese Aenderung eintrat, die auch schon darin ihre Begründung fand, daß in dieser der Chor wegfiel, also Zeit für die Aufführung weiterer Stücke gewonnen war, während früher, wo der Chor noch im vollen Umfange bestand, die 3 Komödien die Zeit ausfüllten. Darum hatten auch die Dichter der alten Komödie nicht soviel Gelegenheit sich zu zeigen und war auch die Zahl der Aristophanischen Stücke, die fast alle in diese Klasse gehören, eine weit kleinere, als die der späteren Dichter. Da ferner seit Sophokles oder vielmehr nach dessen Vorgang (Suid: ἦρξε τοῦ δρᾶμα πρὸς δρᾶμα ἀγωνίζεσθαι, ἀλλὰ μὴ τετραλογεῖσθαι] die Tragiker statt einer Tetralogie auch vier einzelne Stücke bringen konnten und auch brachten, (aber nicht bringen mußten,) wodurch sie Gelegenheit hatten, sich in Behandlung mannigfacher Stoffe zu versuchen, so waren dieselben gegenüber den Komikern im Vorteil und kann es nicht wunderbar erscheinen, wenn auch diese, zumal nachdem durch den Wegfall des Chores Zeit und Kosten verringert worden waren, mehr Gelegenheit sich zu zeigen suchten und auch erhielten. Daß aber gleichsam für alle Zeiten die Zahl von 5 Dichtern als Regel gegolten habe, wie Mähly, Bayer. Gymn.-Bl. 25, 1889, 353 aufzustellen scheint, halte ich nicht für richtig, sondern das ist sicher nur auf das 4. Jahrhundert zu beschränken.[2])

[1]) Ebenso schon Madvig, kl. philol. Schr. 473, „Bemerkungen über die Fruchtbarkeit der dramatischen Poesie bei den Athenäern und ihre Bedingungen", zuerst erschienen in Tidskrift for Philologie og Paedagogik IV, 1863.

[2]) Ebenso wenig dürfte er Recht haben, wenn er sagt, an 4 Tagen seien Tragödien, am 5. Komödien aufgeführt worden. (Er spricht nämlich im allgemeinen

Doch kehren wir jetzt zu unserer Plutos-Hypothesis zurück.
Der zweite Teil von τελευταίαν δὲ Z. 22 an ist nicht minder wichtig
als der erste; erfahren wir ja doch daraus, daß dieses Stück das letzte
war, welches Aristophanes selbst auf die Bühne brachte, während er die
beiden übrigen, Kokalos und Aiolosikon, seinem Sohne Araros gab, um
ihn dem Publikum zu empfehlen. Desgleichen berichtet ein unbekannter
Verfasser eines βίος Ἀριστοφάνους aus cod. Ven. 474 (Dübner, prolegg.
d. comoed. XII): τελευταῖον δὲ διδάξας τὸν Πλοῦτον συνέστησε τῷ
πλήθει τὸν υἱὸν Ἀραρότα, der sich freilich damit etwas unklar ausdrückt.
Auf diese Stelle scheint sich Leo, Rh. M. 33, 1878, 401, Anm. 1 zu
stützen, wenn er vorschlägt, an unserer Stelle zu schreiben: τὸν υἱὸν αὐτοῦ
συστῆσαι. Ἀρ. τοῖς θεαταῖς βουλόμενος, so daß also durch Ausscheidung
des δι' αὐτῆς der ursprüngliche Sinn hergestellt sei. — Weiter war schon
Petersen, J. J., 85, 1862, 659 Anm. 16 gegangen, wo er sagt, man
habe mit Recht an dem δι' αὐτῆς Anstoß genommen, aber die Streichung
desselben genüge allein noch nicht, es müsse vielmehr auch συστῆσαι an die
Stelle dieses δι' αὐτ. gesetzt werden, da letzteres aus ersterem entstanden sei.
Aber schon B. Thiersch hat in seiner großen Plutos-Ausgabe von 1830,
Leipzig, Hartmann, prolegg. cap. II darauf hingewiesen, daß, wenn
δι' αὐτ. nicht als unecht betrachtet werden wolle, es sich auf κωμῳδία allgemein beziehe, und so, glaube ich, kann es auch am besten erklärt werden,
ohne daß eine Streichung nötig wäre.

Daß Aristophanes das Stück selbst auf die Bühne brachte, steht auch
am Schluß von hyp. I: ἐπιγέγραπται δὲ τὸ δρᾶμα Πλοῦτος Ἀριστοφάνους,
eine Notiz, die jedenfalls sehr alt und verlässig ist und ganz den Charakter
trägt, als ob sie von einem Urkundenforscher, wohl Aristoteles, stamme, und
die nach meinem Dafürhalten einst in unserer Hypothesis gestanden hat.
Daß dieses ἐπιγέγραπται bedeutet: „Er wurde in die öffentlichen Listen als
Dichter-Didaskalos eingetragen", gilt jetzt für ausgemacht (s. Oehmichen,
Bühnenw. S. 201) und hat schon Alb. Briel, De Callistrato et Phi-

---

von den Dionysosfesten.) Denn durch das lange Zeit angezweifelte, jetzt aber nahezu
unbestreitbar als echt erwiesene Gesetz des Euegoros, Dem. Mid. 10, sowie durch
die dionysische Siegerliste (s. die eingehenden Untersuchungen Oehmichens, Sitz.-Ber.
a. a. O. 103—168) wissen wir jetzt, daß an den großen Dionysien die Reihenfolge gerade die umgekehrte war, also die Komödien den Tragödien vorangingen.
Weiteres hierüber s. Alb. Müller, Lehrb. der griech. Bühnenaltertümer, Freiburg,
Mohr, 1886. (III. Bd. 2. Abt. v. K. F. Hermanns Lehrb. der griech. Antiquitäten,
neu herausgegeben von H. Blümner und W. Dittenberger) § 21 und Oehmichen,
Bühnenwesen, § 17 und 18.

Ionide sive de actionibus Aristophaneis, Berlin, Weidmann, 1887, S. 17 behauptet und die einschlägigen Stellen sorgfältig gesammelt. Aus dieser Bedeutung ergab sich dann der weitere Gebrauch: „Es ist in den Didaskalien eingetragen unter dem Titel . . .", f. Soph.!Ai. hyp. ἐν δὲ ταῖς διδασκαλίαις ψιλῶς Αἴας ἐπιγέγραπται, und endlich dann allgemein: „Es hat den Titel", f. Ar. Vesp. hyp. I: ἐξ ὧν καὶ ὁ χορὸς συνέστηκε καὶ τὸ δρᾶμα ἐπιγέγραπται und Soph. OR hyp. χαριέντως δὲ TYPANNON ἅπαντες αὐτὸν ἐπιγράφουσιν[1]).

Die Mitteilung τελευταίαν... mochte nun dem Verfasser der Hypothesis wohl wichtig und für die Nachwelt interessant erscheinen, nicht bloß wenn er die Bedeutung des Aristophanes ins Auge faßte, sondern auch aus einem andern Grunde. Anon. d. com. V sagt nämlich über das Stück: νεωτερίζει κατὰ τὸ πλάσμα· τήν τε γὰρ ὑπόθεσιν οὐκ ἀληθῆ λέγει. Damit spricht er also die schon im Altertum verbreitete Ansicht aus, daß das Stück nicht mehr zur alten, sondern zur νέα oder νεωτέρα (auch καινή) κωμῳδία gehöre.[2]) Thiersch bemüht sich zwar darzuthun, daß es noch zur alten zu zählen sei, indeß ist der Nachweis wohl nicht recht erbracht, und dürfen wir doch hierin den Alten mehr glauben. Unser Anon. fährt nämlich fort: καὶ χορῶν ἐστέρηται, ὅπερ τῆς νεωτέρας ὑπῆρχε κωμῳδίας. Das Fehlen der Chorlieder ist ein sicheres Kennzeichen, daß Plutos nicht mehr ein ausgeprägtes Stück der alten Komödie ist.

Ganz sicher und unbestritten ist dies bei den zwei letzten Stücken, Kokalos und Aiolosikon, die Aristophanes also nach unserer Hypothesis durch seinen Sohn Araros auf die Bühne brachte. Auch das ist interessant, daß er gleichsam selbst seinen Sohn in die Dichterlaufbahn einführte und dem Publikum empfahl, wie uns ja das auch sch. Ran. v. 78 von Jophon, dem Sohne des Sophokles, und Suid. s. v. Εὐφορίων von diesem, dem Sohne des Aischylos, und vit. Eur. von Euripides gleichnamigen Sohne berichtet wird. Daß in allen diesen Fällen, wie überhaupt immer, der, welcher den Chor verlangte, also hier die Söhne der berühmten Dichter, in die öffentlichen Urkunden eingetragen wurden, sehen wir auch daraus, daß die Athener nach sch. Ran. v. 73 im Zweifel waren, ob das Stück von Jophon oder seinem Vater Sophokles war, und so nur erklärt sich Ar.

---

[1]) Petersen J. J. 85, 1862, 668 u. ff. wollte nämlich überall in diesem ἐπιγρ. die Bedeutung „Titel", also nur die Beziehung auf den Verfasser und nicht auch die auf das Aufführungsprotokoll finden.

[2]) „Der Name μέση κωμ. läßt sich erst bei Schriftstellern nach Hadrian nachweisen." Christ, Lit. S. 238 Anm. 1.

Vesp. v. 1018 ἐπικουρῶν κρύβδην ἑτέροισι ποιηταῖς. Ja selbst nach der Aufführung scheinen diese Regisseure noch lange als Dichter gegolten zu haben, denn Clemens von Alexandrien nennt den Kokalos geradezu ποιηθέντα Ἀραρότι. Doch verweise ich nochmals auf Briel, der die Sache genau erörtert hat.[1])

Haben wir so gesehen, wie der Verfasser der Hypothesis in richtiger Würdigung seiner Aufgabe als Literarhistoriker sehr wichtige Nachrichten über dieses Stück mitteilte, so müssen wir anderseits bedauern, daß gerade die wesentlichsten Punkte einer Didaskalie fehlen, eine Erscheinung, die sich indessen genügend durch die Wichtigkeit jener erklärt. Wichtiger ist, daß Aristophanes mit vier Konkurrenten in die Schranken trat — vielleicht war es für ihn überhaupt das erstemal —, wichtig die Namen der Rivalen, die nicht etwa lauter unbedeutende Dichter waren — denn ehrenvoll begegnen uns ihre Namen auf der dionysischen Komikerliste (s. Oehmichen, Sitz.-Ver. S. 152) —, wichtig, daß Plutos das letzte Stück war, mit dem Aristophanes selbst vor seine Mitbürger trat, sowie endlich, daß die Aufführung der beiden übrigen sein Sohn Araros besorgte. Das ὑπόλοιπα nämlich läßt wohl kaum eine andere Deutung zu als: „die in der chronologischen Reihenfolge noch übrigen," und diese scheint auch in der Behandlung der Stücke durch die Gelehrten im Gebrauche gewesen zu sein.[2])

Zu einer richtigen Didaskalie fehlt nun hier:

1) Der Erfolg des Plutos. Es liegen uns hierüber keinerlei Nachrichten vor. Madvig, Kl. phil. Schr. S. 451 sagt von unserer Hypothesis: „Daß Aristophanes siegte, steht eben nicht da." Das ist richtig, aber gleichviel Berechtigung dürfte eben eine Vermutung haben. Zwar lassen uns für unseren Dichter die beiden Komikerlisten ganz im Stiche, denn sein Name ist auf keiner derselben mehr erhalten; sonst wäre eine Entscheidung in dieser Frage eher möglich. Jedoch aus den Worten: ἀνταγωνιζομένου αὐτῷ . . . . . „indem sich mit ihm maßen" dürfen wir vielleicht den Schluß ziehen, daß Aristophanes Sieger war. Denn hätte einer von den andern sich erfolgreich mit ihm gemessen, so hätte der Verfasser wahr-

---

[1]) Alb. Müller, Bühnenaltertümer, S. 356 will aber lieber den Eintrag der beiden, des Dichters und des Regisseurs, in die offizielle Liste annehmen.

[2]) Auch Casaub. ad Athen 414 z. VI p. 235 E spricht diese Ansicht aus. Hemsterhuys wollte das ὑπόλοιπα für „u. s. w." gelten lassen, womit eben der Abschreiber seine Vorlage abgebrochen hätte, so daß mit δύο ein neuer Satz beginnen würde. Allein ein solcher Gebrauch ist schwer nachzuweisen.

ſcheinlich wie in Nub. hyp. V geſagt: ἐδιδάχϑη ἐπὶ. ἀρχ. Ἀντ., ὅτε ὁ δεῖνα ἐνίκα κτλ.

2) Es fehlt die Angabe des Feſtes. Hierüber auch nur eine Vermutung aufzuſtellen, dürfte ein mehr als kühnes Wagſtück ſein, da es an jeglicher Andeutung, jeglichem Anhaltspunkte fehlt. Thierſch, Prolegg. ad Plut. Anm. 22 glaubt zwar in v. 283 und vv. 1126—29 ein Anzeichen zu finden, daß das Stück an den ländlichen Dionyſien aufgeführt worden ſei. Aber dagegen gibt es mehrfache Bedenken. Für's erſte muß v. 283 nicht notwendig auf die ländlichen Dionyſien bezogen werden, ſondern kann ebenſo gut auf die Lenäen gehen, die ja nur einen Monat ſpäter waren. Die zweite Stelle v. 1129 könnte eher als Hinweis auf das ländliche Feſt gelten, weil bei dieſen der ἀσκωλιασμός oder die ἀσκωλία eine hergebrachte Beluſtigung war (ſ. P. Stengel, Die griech. Sacralaltertümer p. 162; V. Bd. 3. Abt. von J. v. Müllers Handb. der klaſſ. Altertumsw.) Allein die im Stücke gedachte Zeit muß ja doch nicht die gleiche ſein wie jene, wo das Stück aufgeführt wurde. Ferner haben wir von ländlichen Dionyſien kein Beiſpiel von einer Didaskalie, wie ſie uns hier vorläge. Endlich wiſſen wir ſo ziemlich ſicher, daß an dieſem Feſte keine neuen Stücke gegeben wurden. So können wir alſo wenigſtens Thierſch's Vermutung als unrichtig zurückweiſen, wenn wir auch, wie geſagt, an deren Stelle nichts Poſitives ſetzen können.

Was nun die Quelle unſerer Hypotheſis betrifft, ſo glaube ich, daß dieſelbe direkt aus Ariſtoteles Διδασκαλίαι gefloſſen iſt, wobei ein ſpäterer Excerptor gerade das, was wir noch gerne wüßten, weggelaſſen hat. V. Roſe, Aristot. pseudep. führt ſie auch unter den reliquiae didascalicae an, aber allerdings nur bis Πασιφάη, ſo daß er alſo das Uebrige nicht für Ariſtoteliſch hält. Allein ich glaube, daß wir auch den zweiten Teil, von τελευταίαν bis zum Schluß, auf den großen Philoſophen zurückführen dürfen. Denn nur er konnte es wiſſen durch ſeine Sammelarbeiten, und er hatte auch das feine Gefühl für das, was die Nachwelt intereſſieren konnte. Auch iſt wohl die Annahme berechtigt, daß Ariſtoteles nicht in nackter Chronikenform ſchrieb, ſondern intereſſante Bemerkungen, die ſich ihm aufdrängten, oder ſich bei Vergleichung des geſammelten Materials ergaben, beifügte. Ja ſelbſt wenn man dieſen zweiten Teil nur den Alexandrinern vindicieren will — ſpäter dürfen wir ſicher nicht herabgehen —, ſo möchte ich das höchſtens für die gegenwärtige Form gelten laſſen, der Inhalt iſt gewiß aus Ariſtoteles genommen.

§ 4.
Nub. hyp. V. [1])

Auch diese Hypothesis ist also ausschließlich bidaskalischen Inhalts; doch zerfällt sie von selbst in drei Teile: der erste ist die eigentliche Didaskalie bis Κόννῳ, der zweite behandelt die Frage der Umarbeitung behufs einer Wiederaufführung bis εἰσήγαγε, und der dritte gibt das Datum derselben an. Doch diese drei Teile sind meiner Ansicht nach nicht von gleichem Alter; vielmehr sind die beiden letzten jünger als der erste. Dieser ist unwiderleglich der älteste Teil. Denn er geht nicht über die Form einer unmittelbar aus amtlichen Urkunden geschöpften Didaskalie hinaus. Er enthält nämlich die Angabe des Festes, den Archon, die Konkurrenten und den Erfolg, so daß ich keinen Anstand nehme ihn direkt auf die Aristotelische Sammlung zurückzuführen.

Briel, D. Call. et Phil. S. 48 setzt nach dem Archontennamen Ἰσάρχου die Worte διὰ Φιλωνίδου ein unter Berufung auf Anon. d. com. III (Dübner p. XIV): τὰς μὲν γὰρ πολιτικὰς τούτῳ (sc. Καλλιστράτῳ) φασὶν αὐτὸν διδόναι, τὰς δὲ κατ' Εὐριπίδου καὶ Σωκράτους Φιλωνίδῃ. Ich glaube, er hätte auch die schon citierte Stelle Ar. Vesp. v. 1018 ἐπικουρῶν κρύβδην ἑτέροισι ποιηταῖς heranziehen können. Denn da wir wissen, daß von den 5 Stücken, welche den Wespen vorausgingen, die Daitaleis,[2]) Babylonier und Acharner Kallistratos, die Ritter Aristophanes selbst aufführte, so wäre der Plural unverständlich, wenn wir nicht annehmen wollten, daß die Wolken ein anderer auf die Bühne brachte.[3])

Von dem Satze ὅτε . . . . Κρατίνῳ muß ich in § 8 sprechen, weshalb ich füglich dorthin verweise.

---
[1]) R. u. V. — Dübner S. 77, Z. 28–35 b.
[2]) Für dieses Stück nehmen manche den Philonides an (f. Christ, Lit. 223 A. 1.); Hanow, Exercitt. crit., Halle 1830, p. 6 meint, Philonides habe den Chor verlangt, Kallistratos sei Regisseur gewesen. Eine solche Teilung unter den zweien ist uns aber nirgends bezeugt; auch wissen wir, daß immer der, welcher den Chor bekam, auch als Dichter eingezeichnet wurde. Ferner wenn Kallistratos die Aufführung besorgte, dann hätte Aristophanes doch gleich auch durch ihn um den Chor nachsuchen lassen können. Endlich dürfen wir wohl dem Anon. d. com. II (Dübner S. XV) einem höchst vertrauenswerten Manne (f. Ranke, Ar. vit. 124) glauben, der ausdrücklich berichtet, daß Kallistratos das erste Stück des Aristophanes aufgeführt habe, während in sch. Nub. v. 531 zu lesen ist, daß dieses erste eben die Daitaleis waren.
[3]) Petersen, Z. Z. 85, 1862, 657 meint, der Plural könne sehr gut nur einen bezeichnen, eine Ansicht, der ich nicht beistimmen kann.

Das πρῶται, das wir in der ersten Zeile unserer Didaskalie lesen, führt uns auf eine weitere Frage. Man könnte dasselbe vielleicht dem Aristoteles zuschreiben, wenn man dächte, daß derselbe es bei Bearbeitung seines Werkes dem, was er in den amtlichen Urkunden vorfand, beifügte, um es von einem später aufgeführten, neuen oder wenigstens umgearbeiteten Stücke zu unterscheiden, wie z. B. Soph. OR. hyp. Dikäarch sagt, daß alle den Oedipus zum Unterschied von dem andern „τύραννος" nennen (τύραννον ἅπαντες αὐτὸν ἐπιγράφουσιν), und weiter ist dort erwähnt, daß andere ihn auch πρότερον nennen, weil OC später sei. Unter den obigen ἅπαντες ist aber gewiß auch Aristoteles. Allein um darüber endgiltig zu entscheiden, müssen wir zuerst die anderen Teile unserer Hypothesis betrachten.

Die Worte διόπερ . . . . . εἰσήγαγεν sind, wie schon angedeutet, jüngeren Ursprungs als die vorausgehenden. Immerhin aber liegt die Zeit ihres Entstehens nicht ferne vom ersten Teile, indem sie entweder auf die gleiche Quelle wie hyp. VI oder, was mir wahrscheinlicher ist, auf diese selbst zurückgehen. Von dieser aber werde ich ausführlicher im nächsten Abschnitte sprechen.[1])

Auch in diesem Teile erkennen wir sofort einen Zusatz aus viel späterer Zeit in dem τὰς δευτέρας. Denn was soll das heißen: „Er glaubte, die zweiten Wolken wieder aufführen zu sollen"? Wir erwarten ja doch nur: „Nachdem er gegen alle Erwartung (oder ungegründet, παραλόγως,) durchgefallen war, glaubte er die Wolken wieder aufführen und dem Publikum[2]) Vorwürfe machen zu sollen" oder höchstens: „die zweiten Wolken aufführen zu sollen." Da aber ἀναδιδάξαι schon die zweite Aufführung eines Stückes, natürlich in umgearbeiteter Form, bedeutet, so ist sicher τὰς δευτέρας eine Bemerkung, den vielleicht ein Späterer an den Rand setzte, um, freilich unnötiger Weise, anzuzeigen, daß Aristophanes die Wolken nicht etwa unverändert, sondern umgearbeitet wieder auf die Bühne bringen wollte. Daß ἀναδιδάξας, wie es Ald. hat, in ἀναδιδάξαι zu ändern ist, bedarf wohl keines Beweises. Trotzdem aber hielt E. W. H. Brentano in seinen „Untersuchungen über das griechische Drama", I. Aristophanes, Frankfurt a. M., Heyder und Zimmer, 1871, S. 31 diese Lesart fest, um daraus den Beweis zu nehmen für seine eigentümliche

---

[1]) Ranke, Ar. vit. 288 macht sogar aus hyp. V, VI und dem letzten Satze von VII eine einzige Hypothesis.

[2]) Daß θέατρον hier „Publikum" heißt, unterliegt wohl keinem Zweifel; vgl. auch Oehmichen, Sitz.-Ber. a. a. O. 106.

Ansicht, daß die uns vorliegenden Wolken gar die 3. Bearbeitung seien. Doch hat er damit meines Wissens keinen Anklang gefunden, und es hat sich nach all den Untersuchungen, welche schon viele Gelehrte hierüber mit verschiedenen Resultaten geführt haben, durchaus kein Anhaltspunkt für seine Meinung gefunden[1]). Ich kann es mir nicht versagen, wenigstens eine Stelle aus seinem Buche in aller Kürze zu behandeln.

Er gibt nämlich S. 31 eine Uebersetzung unserer hyp. V, und in dieser ist besonders bemerkenswert, wie er den Satz ἀποτυχών — εἰσήγαγεν deutsch wiedergibt. „Da er aber (mit diesen zweiten Wolken) noch weit weniger Anklang fand, so brachte er in der Folgezeit auch die Umarbeitung nicht mehr auf die Bühne." Sein Text, den er angibt, lautet aber genau so, wie ihn Dübner hat: καὶ ἐν τοῖς ἔπειτα οὐκέτι τὴν διασκ. εἰσήγ. Das heißt aber doch, natürlich und ohne Zwang übersetzt: „Er führte auch in der Folgezeit die Umarb. nicht mehr auf." Also muß er die Umarbeitung vorher auch schon nicht aufgeführt haben. Denn daß die von ihm statuierten zweiten Wolken keine Umarbeitung gewesen seien, nimmt Brentano doch wohl selbst nicht an. Denn das hätte Aristophanes nicht wagen dürfen, ein durchgefallenes Stück ohne jede Veränderung und Verbesserung noch einmal zu bringen.

---

[1]) Die wichtigsten Schriften zu dieser Frage sind folgende: Guil. Esser, De prima et altera quae fertur Nubium Aristophanis editione diss., Bonn, A. Marcus, 1823; Süvern, Ueber Aristophanes Wolken, Berlin, Dümmler, 1826; K. Reisig, Rh. M. 2, 1828, S. 199—201; Ranke, De Ar. vit. p. 285—294 u. 424; G. Hermann, Nub. praef. p. XXII; Fr. V. Fritzsche, quaest. Arist. Lips., Ad. Winter, 1835; C. Fr. Hermann, ind. Lect. Marburg, sem. aest. 1837; C. Beer, Ueber die Zahl der Schauspieler bei Aristoph., Leipzig, Weidmann, 1844; Fr. V. Fritzsche, De fabb. ab Arist. retr. spec. I—V. Rostocker Universitätsprogramme 1849, 50, 51, 51, 52; Th. Kock, De emendatione Nub. Aristoph. Rh. M. 8, 1853, 341—64; W. S. Teuffel, Zu Aristoph. Wolken, Philol. 7, 1852, 322—53; M. Laudsberg, Ueber den Sokrates in den Wolken des Arist., Philol. 8, 1853, 94—103; R. Enger, Ueber die Parabase der Wolken des Aristoph., Ostrowo, Th. Hoffmann, 1853; W. S. Teuffel, Recension d. vor., J. J. 69, 1854, 549—58; R. Enger, Abwehr d. vor., J. J. 70, 1854, 99—103; W. S. Teuffel, Ueber die 6. Hypothesis zu den Wolken des Aristoph., Rh. M. 10, 1856, 214—34; C. W. Göttling, Bericht d. sächs. Ges. d. Wissenschaft 1856, p. 15—32; R. Enger, Hielten die alten Kritiker die Umarbeitung der Wolken des Aristoph. für vollendet? Philol. 11, 1857, 536—48; Köchly, Akad. Vortr. und Reden, Zürich 1859, I, 414—29; Fr. Bücheler, Ueber Aristoph. Wolken, J. J. 83, 1861, 657—89; W. S. Teuffel, Ar. Nubes, Leipzig, Teubner, 1863, praef.; Fr. Ritter, Ueber die Wolken des Aristoph. Philol. 34, 1876, 447—64; P. Weyland, Ueber das Epirrhema in den Wolken des Aristoph., Philol. 36, 1877, 73—82; Fr. Witten, De Nub. fab. ad Aristophane retractata, Erfurter Gymn.-Progr. 1877.

Vollends aber kühn im Uebermaße erscheint sein Versuch die Wolken in der Form, wie wir sie haben, ganz unserem Dichter abzusprechen und als eine von einem byzantinischen oder wenigstens nachalexandrinischen Verfasser ausgeführte doppelte Kontamination, sowohl aus den ersten und zweiten Wolken, als auch aus den Wolken und Daitaleis, hinzustellen.

Im übrigen gewinnt man bei der Lektüre seiner Schrift den Eindruck, als ob er schon mit der vorgefaßten Meinung von einer 3. Bearbeitung ans Werk gegangen sei und nicht erst durch sorgfältige Prüfung des Thatbestandes, wie er freilich versichert, dieses Resultat gewonnen habe.

Schwierigkeit könnte die Erklärung des ἀποτυχὼν δὲ πολὺ μᾶλλον machen. Landsberg a. a. O. scheint aus unserer Stelle eine zweite Aufführung mit abermaligem ungünstigen Erfolge entnommen zu haben.¹) Doch, bedeuten denn die Worte wirklich: „Auch die zweite Aufführung hatte keinen Erfolg?" Wörtlich übersetzt heißen sie offenbar: „Da er aber noch viel weniger Glück hatte...." Wenn der Dichter mit den ersten Wolken der dritte wurde und so durchfiel, also Unglück hatte, was ist es, das man „noch weniger Glück haben" nennen könnte? Meines Erachtens nur dies, daß er überhaupt von vorneherein abgewiesen wurde, also gar keinen Chor erhielt, wie das Enger, Ueber die Parabase S. 10 schon andeutet. Daher ist denn auch hier. διασκευήν = Νεφέλας, welche er ᾠήθη δεῖν ἀναδιδάξαι. Ja gerade das eben besprochene καὶ ἐν τοῖς ἔπειτα bestärkt uns noch in dieser Erklärung, also: „weil er diesmal noch weniger Glück hatte, so führte er auch in Zukunft die Umarbeitung nicht auf". Auch Teuffel versteht schon dieses ἀποτ. wie es scheint, in unserem Sinne, wenn er auch zunächst nur von den Worten der hyp. VI προθυμηθέντος, οὐ δὲ.... ποιήσαντος spricht. Er sagt nämlich, Rh. M. 10. 1856, S. 225: „Der Versuch einem so verwöhnten und ungeduldigen Publikum, wie das attische war, ein altes Stück abermals aufzutischen, und in Konkurrenz mit neuen Stücken, hatte an sich schon so viel Mißliches, daß ihn selten genug ein Dichter wagen, noch seltener ein Chorege sich dazu verstehen mochte."

Woher aber unser Autor diese Nachricht hat, darüber können wir nur Vermutungen aufstellen. Vergleichen wir dieselben mit der Stelle hyp. VI διεσκεύασται.... ποιήσαντος, so fällt uns die Aehnlichkeit beider auf.

---

¹) Der Aufsatz bringt auch sonst manches Eigentümliche, auf das ich hier nicht näher eingehen will, und muß sich auch von Brentano, auf dessen Seite er einigermaßen steht, das Zeugnis einer „wenig kritischen Arbeit" ausstellen lassen.

Das aber bestimmt mich zu der schon oben angedeuteten Meinung, daß beide e i n e Quelle, ja vielleicht e i n e n Verfasser hatten.

Aber, wird man einwenden, unsere Hypothesis gibt ja ausdrücklich an, in welchem Jahre die zweiten Wolken aufgeführt wurden. Allerdings, aber eben der Umstand, daß nur das angeführt wird, läßt uns in die Glaubwürdigkeit dieser Angabe einiges Bedenken setzen. Fehlt ja doch alles, was man von einer richtigen Didaskalie erwartet: die Mitbewerber und ihre Stücke, das Fest, der Erfolg. Aehnliches war zwar auch bei Plut. hyp. IV der Fall, aber dafür enthielt diese andere hochinteressante Punkte. Da sich nun auch dieser letzte Satz der Hyp. in offenbarem Widerspruche mit dem Vorausgehenden befindet, so ist einmal sicher anzunehmen, daß er aus einer anderen Zeit stammt.

Wir finden zwar die Ansicht von einer zweiten Aufführung schon in der alexandrinischen Zeit vd. schol. Nub. v. 552 und zwar hatte sie kein geringerer als Kallimachos selber, mußte sich aber auch dort die Belehrung durch Eratosthenes gefallen lassen, der ausdrücklich sagt, daß man nur zu unterscheiden habe zwischen den a u f g e f ü h r t e n und u m g e a r b e i t e t e n Wolken; dadurch erkläre sich auch, warum die zweiten sich in den Didaskalien nicht finden, weil dieselben eben nur die aufgeführten Stücke enthielten. Ebenso ist auch der Scholiast zu v. 549, obgleich er berichtet, daß es keine Didaskalie zu den zweiten Wolken gebe, noch vom gleichen Irrtum befangen. Dagegen behauptet hyp. VI bestimmt, daß die Umarbeitung nicht zur Aufführung gekommen sei.

Aber, muß uns der Autor unserer Notiz nicht durch Angabe des Archontennamens als Gewährsmann erscheinen? Daß dies nur Schein ist, werden wir bald sehen.

Unsere Stelle αἱ δὲ δεύτεραι Νεφέλαι ἐπὶ Ἀμεινίου ἄρχοντος, sowie schol. Nub. v. 549 Ὁ Κλέων ἀποθνήσκει ἐπὶ Ἀμεινίου scheinen von ein und demselben Verfasser zu sein. Es beruht aber sicher das Scholion auf einem Irrtum. Denn Androtion sagt in demselben ausdrücklich, daß Kleon unter Alkaios gestorben sei, und dies stimmt auch mit Thukydides überein. Nach ihm V, 19 wurde der Friede geschlossen am 25. Elaphebolion im Jahre des Alkaios, also, da dieser 422—1 regierte, ungefähr am 10. April 421. Kleon ist aber nach Thuc. V, 12 in demselben Jahre, d. h. im vorausgehenden Sommer gestorben[1]), also bereits unter Alkaios.

Die Erklärung des Ursprungs dieser Notiz über die Aufführung der zweiten Wolken unter dem Archon Ameinias scheint nun folgende zu sein:

---

[1]) Vgl. auch schol. Ar. Pac. v. 48.

Der betr. Scholiast mußte aus der Parabase, daß die vorliegenden Wolken die zweiten waren, ebenso aber, daß die ersten unter Jsarchos aufgeführt wurden, der vor Ameinias im Amte war. Da nun in dem uns erhaltenen Stücke sich Stellen finden, worin Kleon noch als lebend bezeichnet wird, ja die Komödie ist größtenteils in diesem Sinne gehalten, so mochte unser Autor, weil er wußte, daß Kleon bald nach den ersten Wolken gestorben sei, angenommen haben, die zweite Aufführung habe schon unter Ameinias stattgefunden.[1]) Dabei hat er freilich die Unmöglichkeit einer solchen Annahme übersehen. Es sind nämlich die ersten Wolken aufgeführt worden unter Jsarchos an den großen Dionysien 423, die Wespen und der Proagon unter Ameinias an den Lenäen 422, der Friede unter Alkaios an den großen Dionysien 421. Nehmen wir die Aufführung unter Ameinias an, so hätte dieselbe nur an den gr. Dion. stattfinden können. Nun aber war es Regel, daß an diesem hohen Feste nur neue Stücke gegeben wurden, nicht aber alte und umgearbeitete. Ferner wäre wohl die Zeit zu kurz gewesen, wenn Aristophanes, nachdem er mit der Vorbereitung zur Aufführung eines der beiden Stücke für die Lenäen beschäftigt war, zugleich oder unmittelbar darnach in kaum 8 Wochen die Wolken hätte umarbeiten und zur Aufführung bringen sollen. Wenn man sich endlich auch daran nicht stoßen will, daß dabei in einem Jahre von einem Komiker drei Stücke über die Bretter gegangen wären, so mußten die (zweiten) Wolken doch als Ganzes betrachtet werden. In denselben kommt aber der Marikas des Eupolis vor, welcher den Didaskalien zufolge (schol. Nub. v. 552) 3 Jahre nach den Wolken, also 420 aufgeführt worden war, also 2 Jahre nach Ameinias. Aber auch in diesem Stücke war Kleon schon tot. Dies alles also hat unser Autor nicht berücksichtigt. Ranke, Ar. vit. p. 287 will die Entstehung unserer Notiz aus schol. Nub. v. 31 ableiten. Ich glaube aber eher, daß umgekehrt dieses Scholion, das, wie Ranke richtig bemerkt, sich als sehr jung erweist, aus unserer Stelle erst geflossen ist[2]).

Enger, „Ueber die Parabase" fand einen neuen Ausweg, wie er glaubte, der es uns möglich mache die zweite Wolkendidaskalie zu halten.

---

[1]) Vgl. Bücheler a. a. O.
[2]) Nur erwähnen will ich Struves [a. a. O. S. 35] Vorschlag, den Ameinias als einen Ergänzungsarchon für irgend einen während seines Amtsjahres verstorbenen Archon Eponymos zu nehmen. Abgesehen davon, daß ein solcher Gebrauch für Athen erst noch eines Beweises bedarf, bleiben auch dabei die obenangeführten Bedenken bestehen.

Den Archontennamen hält er zwar für falsch, setzt aber keinen andern an dessen Stelle. Er meint nämlich, es sei unzweifelhaft, daß die zweite Ausgabe der Wolken von Aristophanes auf die Bühne gebracht wurde, aber nicht an einem Stadtfeste in Athen, sondern bei den ländlichen Dionysien im Peiraieus (wohin er auch die Daitaleis verweist). Es hat nun diese Aufstellung Engers bereits Teuffel J. J. 69, 1854, 549—58 gebührend zurückgewiesen, doch möchte ich hier noch zwei Punkte betonen. Wäre Engers Ansicht richtig, so müßten wir ihm erst recht entgegenhalten, daß der letzte Satz unserer Hypothesis überhaupt nicht hieher gehört. Denn, wie er selbst S. 19 zugesteht, gab es ja für die ländlichen Dionysien keine Didaskalien, also kann der Verfasser dies nur durch Kombination gefunden haben. Auch dürfte die Bemerkung nicht überflüssig sein, daß es dem Dichter wohl schwerlich gelungen wäre seine durch den Mißerfolg beim großen Stadtfeste gekränkte Ehre durch eine Wiederaufführung an den ländlichen Dionysien im Peiraieus zu retten. Wie konnte er dem Publikum der Stadt Athen — und das war es ja doch, welches ihn durch den Mund seiner Richter hatte durchfallen lassen — Vorwürfe machen, wenn er das Stück im Peiraieus aufführte!

Kurz, das Stück ist nicht zum zweitenmale, auch nicht im Peiraieus, aufgeführt worden. Und die Nachricht der letzten Zeile unserer Hypothesis ist Wort für Wort falsch, und Kombination und Einschiebsel eines Späteren.

Daraus ergibt sich natürlich auch, daß das πρῶται in der ersten Zeile ebenso wenig Berechtigung hat und aus derselben Feder floß wie die letzte Zeile.

§. 6.
Nub. hyp. VI.[1]

Nachdem ich schon im vorigen Paragraphen öfter Veranlassung hatte, mich auf gegenwärtige Hypothesis zu berufen und die Verwandtschaft beider mehrmals andeuten mußte, sowie auch hinsichtlich der zu besprechenden Fragen eine näher Vereinigung derselben wünschenswert erscheint, so muß ich sie, obgleich sie eigentlich ihren Platz weiter unten finden sollte, schon jetzt besprechen.

Betrachten wir vor allem den Inhalt unserer Hypothesis.

---

[1] R. u. V. — Dübner, 78, 1—11 a.

Sie berichtet zuerst, daß die Wolken, wie sie uns vorliegen, den nämlichen Gegenstand behandeln, wie das schon vorher unter gleichem Titel aufgeführte Stück. Sodann gibt sie an, daß die Komödie umgearbeitet worden sei, weil der Dichter sie wieder aufzuführen beabsichtigt, dies aber aus irgend einem Grunde unterlassen habe. Endlich führt sie Beispiele der vom Dichter vorgenommenen Aenderungen, sowohl im einzelnen, διόρθωσις, als auch in der Anlage des ganzen Stückes, διασκευή, an.

Der Inhalt des zweiten Teiles von hyp. V und der von unserer Hypothesis ist der gleiche, mit Ausnahme des genaueren Nachweises der Aenderungen, so daß ich für beide eine Quelle, ja noch lieber einen Verfasser annehmen möchte. Es ist mir nämlich δι' ἥν ποτε (αἰτίαν), das hier als Indefinitum gebraucht zu sein scheint und von Brentano auch dafür angesehen wurde, auffallend, und möchte ich vermuten, daß nach ποτέ ein Verbum, etwa ἔλεξα, ausgefallen ist, also: „aus einem zu einer andern Zeit oder an einer anderen Stelle angeführten Grunde", und diese Stelle wäre eben hyp. V[1]).

Die ganze Hypothesis muß, das sieht man auf den ersten Blick, von einem Verfasser stammen, der sich mit kritischen Untersuchungen befaßte und eine solche auch zu den Wolken geführt hat. Auch muß derselbe die beiden Wolkenausgaben vor sich gehabt haben.[2]) Teuffel, Rh. M. 10, 1856, 224—34 weist das nach[3]). Denn gesetzt auch, es hätte der Autor dieses Resultat durch bloße Schlüsse erreicht, was aber gar nicht denkbar ist, wenn er die ersten Wolken nicht kannte, so hätte er gewiß sich nicht so bestimmt ausgedrückt, sondern wenigstens eine der Formeln, wie ἔοικε, φαίνεται, δῆλον ὅτι u. s. w. gebraucht, wie sie uns vielfach, ja auf jedem Blatte der Scholien, begegnen.

Wir haben nun keine Nachricht, daß nach den Alexandrinern beide Stücke noch vorhanden gewesen wären. Denn die Fragmente, die aus den ersten Wolken bei Diogenes Laertios[4]), Athenaios und Photios angeführt sind, beweisen nichts, da es ja bekannt ist, daß diese drei Schriftsteller

---

[1]) Ranke, Ar. vit. p. 288 wollte sogar aus hyp. V, VI u. VII eine einzige zusammensetzen.

[2]) G. Hermann, ed. Nub. praef., p. 24, bestreitet dies; auch Ranke, Ar. vit. p. 289, Enger, Ueber die Parabase S. 8, und Ritter, Philol. 34, 1876, S. 447.

[3]) Die Bedeutung unserer Hypothesis ist, mit Ausnahme Engers, von allen anerkannt, so namentlich von Esser, Ranke, Fritzsche, Teuffel, Bücheler, Weyland.

[4]) Darum kann ich auch Teuffel, praef. Nub. p. 11 nicht beistimmen, wo er meint, Athenaios hätte die ersten Wolken gehabt. Selbst von Nikander, den letzterer nach seinem eigenen Zeugnisse benützt hat, ist dies noch fraglich.

selbst auf Späteren fußen und ihre Citate in der Regel nur anführen, um sich den Schein großer Belesenheit zu geben, während sie die Werke selbst nicht gesehen haben.

Ebensowenig oder vielmehr noch weniger hat Symmachos die erste Wolkenausgabe gelesen. Denn dieser, der im 3. Jahrh. n. Chr. lebte, hat selbst nur die Aelteren, darunter besonders den Didymos aus der Zeit des Cicero benützt, wie O. Schauenburg in seiner Dissertation: De Symmachi in Aristophanis interpretatione subsidiis, Halle, 1881, nachweist, eine Untersuchung, deren Resultat er S. 33 zusammenfaßt in den Worten: „Alius cuiusquam quam Didymi commentarium a Symmacho adhibitum esse nec vola nec vestigium superest." Ebenso sagt er weiter unten: „Veterum autem Aristophanis interpretum iudicia cuncta per Didymum Symmacho innotuisse persuasum habeo." Ich spreche nämlich hier von Symmachos deshalb, weil V. Rose, Aristot. pseudepigr. p. 554 diesen als den Verfasser unserer Hypothesis bezeichnet. Nun aber gibt Rose selbst p. 551 an, daß Didymos auf Eratosthenes fußt, also selbst nicht Quelle ist, besonders nicht in so wichtigen Fragen wie die gegenwärtige.

Ich glaube jedoch, daß, wenn Symmachos Anteil an unserer Hypothesis hat — was aber schwer zu beweisen ist[1]) — derselbe sich nicht weiter erstreckt, als daß er, was schon ein anderer aus einem Früheren nahm, aus diesem wörtlich abgeschrieben hat. Wenn daher W. S. Teuffel, Rh. M. 10, 1856, 215 in dem oben angeführten Aufsatze sagt: „Ueber die Person des Verfassers dieser Hypothesis läßt sich nicht einmal eine Vermutung aufstellen, welche auch nur entfernten Anspruch auf Wahrscheinlichkeit hätte," so möchte ich das nur für den Excerptor gelten lassen. Dagegen dürfte der Versuch, die letzte Quelle ausfindig zu machen, aus welcher unsere Hypothesis wörtlich genommen wurde, nicht so sehr gewagt sein.

Da wir nach obigen Ausführungen schon auf die Alexandriner hingewiesen wurden, so wollen wir unter ihnen auch die Quelle unseres Autors suchen.

An Aristophanes von Byzanz zu denken verbietet uns, obgleich es nahe läge, teils die früher schon betonte von ihm eingehaltene schematische Behandlung der Hypothesis, teils später noch anzuführende Gründe. Auch Aristarch ist es nicht, da derselbe die Erklärung der Stücke selbst sich zur Aufgabe gemacht hatte.

---

[1]) Vgl. hiezu § 12.

Vor diesen beiden beschäftigte sich besonders Eratosthenes mit umfassenden kritischen literarhistorischen Fragen, deren Resultate er niederlegte oder wenigstens verwertete in seinem schon öfter erwähnten Werke περὶ κωμῳδίας.

Daß Eratosthenes die Frage der Umarbeitung bezw. Wiederaufführung von Stücken behandelte, sehen wir aus Pac. hyp. III (über die Umarbeitung des Friedens), ferner sagt uns schol. Ran. v. 1028, daß er in seinem 3. Buche π. κωμ. berichtete, daß eine zweite Aufführung der Perser des Aischylos (umgearbeitet) in Syrakus stattgefunden haben mochte.[1])

Und so hat er auch über die Umarbeitung der Wolken Untersuchung gepflogen, s. schol. Nub. v. 552: Ἐρατοσθένης... λανθάνει δ' αὐτόν (sc. Καλλίμαχον), φησίν, ὅτι ἐν μὲν ταῖς διδαχθείσαις οὐδὲν τοιοῦτον εἴρηκεν, ἐν δὲ ταῖς ὕστερον διασκευασθείσαις εἰ λέγεται, οὐδὲν ἄτοπον, eine Stelle, die uns auch deutlich sagt, daß Eratosthenes die 1. und 2. Wolken in Händen hatte, wie unser Autor, und daß er, wie dieser, nur an eine Aufführung glaubte.[2])

Daß Eratosthenes sich überhaupt viel mit Aristophanes abgegeben hat, erhellt daraus, daß er sehr oft in den Scholien citiert wird z. B. schol. Equ. v. 963, Nub. v. 967, Vesp. v. 239, Plut. v. 1194, Ran. v. 1263 u. s. w. und ich bin überzeugt, daß noch viel mehr Stellen aus ihm genommen sind, wenn auch sein Name nicht dabei steht.[3])

Vergleichen wir nun die Sprache unserer Hypothesis mit den Fragmenten, die wir von Eratosthenes haben,[4]) so werden wir finden, daß die bestimmte, klare, überzeugungsvolle Sprache hier wie dort die gleiche ist. Er spricht nicht gerne in langen Sätzen; wenn er solche für nötig findet, so gliedert er sie klar durch Antithesen, er bedient sich größtenteils präsentischer Tempora, des Präsens und Perfekts. Dies alles durch Beispiele

---

[1]) Auch schol. Plut. vv. 115, 119, 173, 1146 dürfte auf Eratosthenes zurückgehen.

[2]) Hier verdient wohl auch erwähnt zu werden schol. Nub. v. 591, das einerseits mit dem oben citierten anderseits aber noch mehr mit hyp. VI große Aehnlichkeit zeigt. In diesem Scholion ist besonders wichtig die Stelle: δῆλον ὅτι κατὰ πολλοὺς χρόνους διεσκεύασε τὸ δρᾶμα, wodurch das διεσκεύασται ἐπὶ μέρους und das προθυμηθέντος unserer Hypothesis Bestätigung findet.

[3]) Außer den eben aus schol. Plut. angeführten z. B. auch schol. Nub. 543, vgl. Ritter, Philol. 34, 1876, 453—54.

[4]) Die Fragmente gesammelt von Gottfr. Bernhardy, Eratosthenica, Berlin, Reiner, 1822; dann einzelne Teile von Berger, Hiller, Maaß, Robert, s. Christ. Lit. S. 488.

zu erläutern, ist mir hier des beschränkten Raumes halber nicht möglich, und muß ich auf die Fragmentensammlungen verweisen. Hier will ich nur auf schol. Nub. vv. 549, 966 und Vesp. v. 239 aufmerksam machen.

Haben wir so gesehen, daß Eratosthenes am meisten unter den Alexandrinern sich mit literarhistorischen Untersuchungen zur Komödie befaßte, daß ein Teil derselben speziell die Frage der Umarbeitung betraf, daß er besonders auch bei den Wolken diese Frage erörterte, daß er seine Untersuchungen ebensowohl aufs Einzelne wie aufs Allgemeine ausdehnte, daß er in seinen Werken, soweit es uns gegönnt ist aus den Fragmenten darüber zu urteilen, eine klare auf gründliches Studium und daraus hervorgehendes sicheres Urteil gegründete Sprache führt, daß endlich diese auch formell mit derjenigen unserer Hypothesis große Aehnlichkeit zeigt: so werden wir nicht fehl gehen, wenn wir als die Quelle, aus der Nub. hyp. VI wörtlich floß, wenn sie auch ursprünglich nicht zu diesem Zwecke geschrieben war, den Eratosthenes aus Kyrene bezeichnen.

Doch will ich nun auch auf den Text der Hypothesis eingehen und denselben, da man auf ihn so verschiedene Angriffe gemacht hat, zu verteidigen suchen.

Abgesehen von dem oben von mir zur Einfügung vorgeschlagenen ἔλεξα glaube ich nämlich, daß fast gar nichts am Texte zu ändern ist. Denn wenn man so, wie ich im Vorausgehenden dargelegt habe, die Sache ohne Voreingenommenheit betrachtet, so erklärt sich alles auf einfachem Wege.

In dem Satze καθόλου μὲν οὖν σχεδὸν παρὰ πᾶν μέρος γεγενημένη διόρθωσις wird man wohl nichts vermissen, was nicht an und für sich zu ergänzen wäre. Und doch hat Ritter, Ph¹ ol. 34, 1876, 450 „den lückenhaften Satz" ergänzen zu müssen geglaubt. Aber wie? Er setzt nach μέρος ein γινώσκεται ein. Lückenhaft nenne ich nun einen Satz dann, wenn er ohne Ergänzung eines Wortes, das notwendig dastehen muß und nicht ausgelassen werden kann, keinen Sinn geben würde. Ritter vermißt das verbum finitum. Wie oft aber bleibt im Griechischen das Hilfsverbum εἶναι aus! Daß eine Form γεγενημένη ἐστί = γεγένηται möglich ist und zwar in verstärktem Sinne, um so recht den Zustand zu bezeichnen, sehen wir Ran. hyp. I: Διόνυσος... ἐστὶ κατιών, Nub. hyp. II: πρεσβύτης ἐστὶν ἀχθόμενος und ebendaselbst weiter unten ἡ τῶν Ἀλκμαιωνιδῶν οἰκία... τεθριπποτρόφος ἦν καὶ πολλὰς ἀνῃρημένη νίκας. Ja, wenn Ritter wirklich eine derartige Ausdrucksweise hier nicht gelten lassen wollte, so lag es doch näher γεγένηται zu schreiben als ein neues Wort hereinzubringen. Aber er wollte eben einen Beweis für seine Behauptung finden, daß der Verfasser die ersten Wolken nicht zu Gesicht bekommen habe. Er sagt nämlich an jener Stelle: „Den lückenhaften Satz habe ich durch ein hinzugefügtes γινώσκεται so ergänzt, daß die Entstehung der Lücke in die Augen fällt. (Bücheler, Fleckeisen, Jahrb. 83, S. 685 schreibt ἡ διορθ. statt διορθ.,aber auch dann fehlt das verbum finitum). Aber wenn die Ergänzung richtig ist, dann hat der Scholiast selbst ausgesprochen, daß er nicht nach einer Vorlage der ersten Wolken, sondern nach eigener γνῶσις die Aenderungen der zweiten Wolken herausgefunden habe." Doch fühlte er selbst, daß ein solcher Beweis mit selbstgemachten Beweisstellen auf schwachen Füßen stehe und fuhr deshalb fort: „Meine Aufgabe jedoch ist es, dies auch ohne jenes γινώσκεται (ich hatte die spätere Form des Ausdrucks hier zu wählen) nachzuweisen, damit das zu gewinnende Resultat nicht auf eine bloße Korrektur gestützt werde." Er sucht nun darzuthun, daß der Verfasser unserer Hypothesis diesen Unterschied zwischen den ersten und zweiten Wolken aus den zweiten allein habe finden können.[1])

Doch ist ihm das, wie mir dünkt, nicht gelungen. Denn wenn auch der Verfasser fand, was er aus der Parabase finden konnte, so war es ihm doch z. B. nicht möglich, ohne die ersten Wolken gesehen zu haben, herauszubringen, daß jetzt der Schluß des Stückes ein anderer ist als vorher. Und dann hätte er, wie schon bemerkt, gewiß nicht so zuversichtlich gesprochen.

Das ἡ, welches Bücheler a. a. O. einsetzt, ist nicht nur nicht notwendig, sondern nicht einmal zulässig. Denn von der διόρθωσις, der Verbesserung, war noch nicht die Rede, wohl aber war in dem διεσκεύασται die διασκευή schon erwähnt, weshalb dieses Wort mit Recht den Artikel hat.

Ritter ändert sodann auch weiter noch unsern Text. Er sagt nämlich: „der Scholiast fährt fort: τὰ μὲν γὰρ περιήρηται, τὰ δὲ παραπέπλεκται (καὶ ἐν τῇ τῶν προσώπων διαλλαγῇ μετεσχημάτισται), τὰ δὲ ὁλοσχερῆ τῆς διασκευῆς [τοιαῦτα ὄντα] τετύχηκεν.,[2]) d. h. einiges ist beseitigt, anderes eingeflochten (auch in der Anordnung und in dem Wechsel der Personen ist eine Aenderung getroffen), anderes durchweg umgearbeitet." Zu τὰ δὲ ὁλ. fügt er noch unter dem Texte die Bemerkung: „Ich lese τὰ statt ἃ mit

---
[1]) Auch andere hatten diese Ansicht; f S. 33 Anm.
[2]) Die Klammern sind von Ritter eingesetzt.

Dindorf; letzteres (ᾶ) ist von einem Schreiber, der die Parenthese übersah, eingeführt. Daraus ist auch das störende τοιαῦτα ὄντα entstanden." Ritter hat an dieser Stelle mit einigen Klammern geradezu Wunder gewirkt, denn durch dieselben ist der Sinn der Worte total verändert, so daß das Ursprüngliche kaum mehr zu erkennen ist. Es ist aber doch der Gedankengang unserer Hypothesis klar und einfach. Der Autor sagt nämlich zuerst: „Das ist das nämliche Stück wie das erste, aber es ist teilweise umgearbeitet,[1]) da der Dichter wohl wirklich im Sinne hatte, das Stück noch einmal aufzuführen, dies aber nicht mehr that δι᾽ ἥν ποτε αἰτίαν[2]) Sodann geht er auf den ersten Gedanken (Umarbeitung) ein und bringt zuerst gleichsam als Uebergang die Bemerkung, daß eine durchgängige Diorthose (etwa: redaktionelle Verbesserung) stattgefunden habe, wofür er auch drei Beispiele anführt (περιγρ., παραπεπλ., μετεσχ.). Hierauf sagt er, die gesamte Umarbeitung sei so gewesen, wie er schon erwähnt habe, nämlich: ἐπὶ μέρους, wie er Beispiele bringen wolle, daß nämlich gewisse Scenen neu, eigentlich ausgewechselt sind: wie die Parabase, die Logoi- und Schlußscene. — Da demnach der Sinn ein so klarer ist, so sind keinerlei einschneidende Veränderungen des Textes, wie sie Ritter durch seine Klammern hervorbrachte, nötig und deshalb zurückzuweisen. Natürlich ist ebenso auch das ὁλοσχερῇ, das man früher las, und welches Ritter wieder aufnahm, in ὁλοσχεροῦς zu ändern, wozu cod. Ven. mit seinem ὁλοσχερῇς den Weg gezeigt hat.

Nach αὐτίκα setzt Bücheler aus cod. Ven. noch μάλα ein. Das verändert den Sinn nicht besonders und mag ja dagestanden haben. Daß αὐτίκα die Bedeutung „z. B." hat[3]), wurde schon von Weyland a. a. O. bemerkt und findet auch noch Bestätigung durch Ar. Av. v. 786. — Damit ist aber dann auch ausgesprochen, daß die angegebenen drei Beispiele nicht alle Fälle von διασκευή sind, die unser Stück erfahren hat.

Freilich wäre es wünschenswert, wenn uns der Autor noch mehr gesagt, ja wenn er von den ersten Wolken etwas mitgeteilt hätte, was in

---

[1]) Enger, Philol. 11, 1857, 544 u. ff. sieht in: ἐπὶ μέρους „eine auf alle Teile sich erstreckende, also vollendete," weil er nachweisen will, daß die alten Kritiker die Umarbeitung der Wolken für vollendet hielten; darum will er aber auch keinen Unterschied zwischen dem διόρθωσις und διασκευή anerkennen.

[2]) Mag man nun das S. 33 oben von mir vorgeschlagene ἔλεξα einfügen, oder aus ἥν ποτε ein ἥντιναδήποτε machen, denn geändert muß wohl werden.

[3]) Aehnlich wie der Deutsche in der Umgangssprache sagen würde: „So ist gleich die Parabase neu u. s. w."

den zweiten ausgefallen ist,¹) — er mußte dies indessen nicht thun und konnte dabei doch seinen Zweck erreichen, — und wenn er angegeben hätte, ob man die Umarbeitung zu seiner Zeit für vollendet ansah.

Ebenso hätten wir gerne seine Ansicht darüber vernommen, ob Aristophanes selbst oder erst nach seinem Tode einer seiner Söhne die umgearbeiteten Wolken herausgegeben habe. Doch scheint man sich jetzt über all diese Fragen, die seit 50 Jahren vielfachen Streit hervorriefen, geeinigt zu haben, indem man nämlich jetzt ziemlich allgemein annimmt, daß die überlieferten Wolken die nicht vollendete Umarbeitung seien, die höchst wahrscheinlich erst nach Aristophanes' Tode veröffentlicht wurden. Doch gehört dies nicht zu meinem Thema.

So haben wir denn in unserer Hypothesis jedenfalls ein Stück aus hohem Altertum kennen gelernt, das sehr wahrscheinlich den berühmten alexandrinischen Grammatiker Eratosthenes von Kyrene zum Verfasser hat.

§ 7.

Nachdem wir nun in den §§ 4 und 5 die beiden Hypothesis, welche ausschließlich bidaskalischen Inhalts sind, und daran anknüpfend in § 6 die mit § 5 in enger Verbindung stehende 6. Hypothesis zu den Wolken einer eingehenden Betrachtung unterzogen haben, wenden wir uns zu einer zweiten Gruppe, nämlich zu denjenigen Hypothesis, welche zwar auch bidaskalische Angaben enthalten, jedoch in Verbindung mit anderen mehr oder minder wichtigen Notizen.

Diese letzteren bestehen meist in breit gehaltenen Erzählungen des im Stücke behandelten Stoffes (des Ganges der Handlung), ferner in Angaben über den Chor, die Personen des Stückes überhaupt und speziell über diejenige, welche zuerst auftritt, endlich in ästhetischen Urteilen und Angaben über den Zweck des Stückes, anderweitige Behandlung des gleichen Stoffes, Umarbeitungen, Wiederaufführungen, sowie über etwa verloren

---

[1] F. B. Fritzsche, De fab. ab Ar. retr., I p 4 findet in dem διεσκεύασται ἐπὶ μέρους die Behauptung, daß die Umarbeitung nicht vollendet sei. Ob aber der Verfasser das so bestimmt behaupten wollte und konnte, ist sehr fraglich. Im Zusammenhalt mit hyp. V war wohl seine Ansicht nur die, daß Aristophanes zuerst das Stück zur Wiederaufführung mit nicht gar zu vielen Aenderungen fertig stellte, und dann, als er es nicht mehr auf die Bühne bringen konnte, später noch mehreres änderte; mehr kann kaum herausgelesen werden. Erwähnung verdient hiezu die schon oben S. 35, Anm. angeführte Stelle schol. Nub. v. 591.

gegangene Stücke der Mitbewerber: ganz die Punkte, wie sie in dem tragischen Hypothesis-Schema des Aristophanes von Byzanz vorkommen. Doch werden wir sehen, daß nicht mehr alles derartige, so wie wir es jetzt noch haben, auf alte Zeit zurückgeht, sondern daß vielfach jüngere Hände thätig waren.

Ich beginne mit

Ach. Hyp. I[1]).

Der erste Teil bis Z. 41 erzählt in überaus breit angelegter Form den Gang der Handlung und verrät schon hieburch seinen späteren Ursprung, wenigstens in der gegenwärtigen Gestalt. Wir haben zwar auch aus älterer Zeit derartige Teile der Hypotheseis bei den Tragikern, und diese gehen, wie Schneidewin und Trendelenburg a. a. O. nachweisen, auf Aristophanes Byz. zurück. Doch wenn wir dieselben mit dem unsrigen vergleichen, so finden wir auf den ersten Blick, daß er himmelweit von diesen verschieden ist. Letztere sind kurz[2]) und so klar, indem sie nur die Hauptmomente der Handlung hervorheben, daß man sieht, der Verfasser hatte nur das höhere Ziel im Auge, für die Nachwelt ein wissenschaftlich brauchbares Werk zu liefern, das sich nicht in Einzelheiten ergeht, sondern nur das Wichtigste und Wissenswerteste herausgreift. Die Erzählung in unserer Hypothesis dagegen ist so lang und ins Einzelne gehend, ohne aber dennoch die Hauptmomente recht zu betonen, daß man keinen höheren Zweck dabei erkennen kann außer etwa den, seinen Lesern das Lesen der Komödie zu ersparen.

Eine andere Frage wäre die, ob nicht doch früher an Stelle dieser langen Erzählung eine kurze von Aristophanes Byz. verfaßte stand, die dann ein Späterer durch die gegenwärtige erweiterte oder umgearbeitete ersetzt hat. Ich möchte diese Frage eher bejahen als verneinen, und zwar deshalb, weil wir sehen, daß uns anderes aus der guten alten Zeit erhalten ist, während zu keinem der Aristophanischen Stücke die eigentliche Hypothesis (im wörtlichen Sinn = Inhaltsangabe) in ihrer kurzen klaren Fassung, wie wir sie zu den Tragikern haben, und wie sie gewiß auch zu unserem Dichter existierten, auf uns gekommen ist. In diesem Punkte muß ich also Leo f. o. S. 13 beistimmen.

---

[1]) R. und V. — Dübner, 1, 1a—5b.

[2]) Gewöhnlich umfassen sie nur 4—6 Zeilen, die längsten zu Rhesus, Troerinnen und Agamemnon 13—14 Zeilen.

Ganz anders verhält es sich mit dem §. 41 an die Erzählung anschließenden Satze: τὸ δὲ δρᾶμα τῶν εὖ σφόδρα πεποιημένων καὶ ἐκ παντὸς τρόπου τὴν εἰρήνην προκαλούμενον. Derselbe enthielt also zweierlei: 1) ein ästhetisches Urteil über das Stück, 2) das, was bei den Tragikern κεφάλαιον, bei den Komikern aber öfter σκοπός genannt wird. Was nun das Urteil betrifft, so muß man sagen, daß dasselbe ganz den Eindruck macht, als ob es aus ältester Zeit stammte. Denn erstens ist es in vollem Umfange zutreffend. Die Acharner erfüllen ihre Aufgabe als erheiterndes Spiel — man denke an die ergötzlichen Scenen in demselben — desgleichen aber auch für die Zeit der alten Komödie als Tendenzstück, indem es den Zuschauern in schonender Weise die Nachteile des Krieges vor Augen führt und ihnen in eindringlichen Darstellungen die Segnungen des Friedens, die sie so lange entbehrt, wieder ins Gedächtnis zurückruft. Das Stück verdient aber diese günstige Kritik auch in allen anderen Beziehungen, so hinsichtlich der Sprache und der ganzen Oekonomie des Dramas, in vollem Maße, so daß wir die Ueberzeugung gewinnen, daß das Urteil nur aus der berufenen Feder eines Gelehrten stammt, der es nach reiflichem Studium fällte und nicht etwa bloß dem Urteil der attischen Preisrichter (πρῶτος ἦν) sich anschloß.

Dasselbe ist aber ferner auch so gegeben, daß man es wohl kaum kürzer und klarer zum Ausdruck bringen kann. Wir haben solche auch zu andern Stücken des Aristophanes und sie sind alle in die gleiche Form gekleidet, so Equ. hyp. I: τῶν ἄγαν καλῶς πεποιημένων; Nub. hyp. III: τῶν πάνυ δυνατῶς πεπ.; Av. hyp. I: τῶν ἄγαν δυνατῶς πεπ.; Ran. hyp. I: τῶν εὖ πάνυ καὶ φιλολόγως πεπ.; ähnlich Ran. hyp. III: τῶν εὖ καὶ φιλοπόνως πεπ.; Pac. hyp. I: τῶν ἄγαν ἐπιτετευγμένων);[1]) Vesp. hyp. I: πεποίηται δ' αὐτῷ χαριέντως.[2])

In allen diesen Urteilen nun tritt uns die nämliche knappe aber

---
[1]) Hierüber s. § 9.
[2]) (Es könnten auch noch die beiden Verse hieher gezogen werden, welche ursprünglich am Schlusse von Nub. hyp. IV standen:
τὸ δὲ δρᾶμα τοῦτο τῆς ὅλης ποιήσεως
κάλλιστον εἶναί φησι καὶ τεχνικώτατον.
Auf Grund von cod. Ven., der τοῦτο und wohl auch εἶναι nicht hat, dagegen φασί statt φησί, setzte Dindorf dieselben an den Schluß von hyp. VII, nämlich in folgender Gestalt: τ. δ. δρ. τῆς ὅλης ποιήσεως κάλλιστόν φασι καὶ τεχν. — Bei φησί hätten wir jedenfalls, wie G. Hermann richtig sah, die Beziehung auf Nub. v. 522. Doch ist φησί materiell nicht zulässig. Denn der Dichter sagt an jener

überzeugende Form entgegen, wie in unserem Falle. Die meisten sind aber auch äußerlich gleich gehalten, so daß wir wohl kaum irren dürften, wenn wir sie alle einem und demselben Autor zuweisen.

Dieselben sind ferner sehr nahe verwandt mit jenen, welche wir zu den Tragikern in den uns überlieferten Hypotheseis haben, so z. B. Soph. Ant.:τῶν καλλίστων; OC: τῶν θαυμαστῶν; Eur. Hipp: τῶν πρώτων; Androm. τῶν δευτέρων; Or. hyp. III: τῶν ἐπὶ σκηνῆς εὐδοκιμούντων, einige auch in etwas längerer Form gehalten.

Diese soeben angeführten und die zu Aristophanes gehen nun meiner Ansicht nach auf dieselbe Quelle aus alter Zeit zurück. Auch Petersen, J. J. 85, 1862, 671 Anm. 35 hält sie für Reste aus der guten alten Zeit und Bursian war der gleichen Ansicht[1]).

Dagegen stellt Leo, Rh. M. 33, 1878, 405-407, welche drei Seiten er unseren Komödien-Hypotheseis widmet, bezüglich unserer Frage die Behauptung auf, daß diese Ausdrücke nur aus einer byzantinischen Werkstatt stammen können, daß sie mit den bestimmten und oft feinen, wenn auch nicht immer das Kunstwerk als Ganzes fassenden Urteilen der Tragödienargumente (Agam., OC, Med., Hipp., Or., Androm.) nicht die entferntefte Aehnlichkeit hätten, daß von all diesen Ausdrücken, wie wir sie bei den Komödien-Hypotheseis fänden, nicht ein einziger zu der in den Tragiker-Scholien aufbewahrten Phraseologie der Alexandriner gehöre. — Welcher Unterschied, so möchte ich aber doch fragen, besteht denn etwa zwischen Ausdrücken wie τῶν πρώτων (Hipp.), θαυμαστῶν (OC) καλλίστων (Antig.) und τῶν ἄγαν καλῶς

Stelle von den ersten Wolken καὶ ταύτην σοφώτατ' ἔχειν τῶν ἐμῶν κωμῳδειῶν, aber nicht τῆς ὅλης ποιήσεως, was gewiß eine unstatthafte Selbstüberhebung wäre während es im Munde eines Grammatikers sehr verständlich klingt. Dieser beruft sich aber dann mit φασί zugleich auf die allgemeine Ansicht der gelehrten Welt. Aber gerade dieses Berufen auf andere setzt unsere Stelle in Gegensatz zu den übrigen, in welchen durch die selbstbewußte Sprache das eigene Urteil seinen Ausdruck findet, weshalb ich diese über die Wolken gefällte Kritik nicht in eine Linie mit den andern stellen, sondern einem Späteren zuweisen möchte.

[1]) Richter glaubt in prolegg. Vesp. p. 20, τῶν πρώτων, τῶν δευτέρων beziehe sich auf den Preis. Das ist aber, wie Petersen schon angeführt hat, nicht richtig, denn er muß selbst gleich darauf zugestehen, daß in Eur. Hipp. hyp. τῶν πρώτων überflüssig sei, nachdem schon πρῶτος Εὐρ. vorausgehe. Aehnlich, aber vorsichtiger Welcker, die griechischen Tragödien II, 533 bei Eur. Androm. hyp.: „Der Dichter erhielt die zweite Stelle." — Ob überhaupt von einem zweiten Preis die Rede sein kann, davon später § 8. —

(Equ.), εὖ σφόδρα (Ach.) πεποιημένων? Ich vermochte bis jetzt keinen zu entdecken und muß es dem kunstsinnigen Urteile derjenigen meiner Leser überlassen, welche den Stil der Byzantiner und Alexandriner besser zu unterscheiden verstehen. Dagegen wissen wir, daß es die Gewohnheit der Späteren n i ch t war, in so kurzen und klaren Worten sich auszudrücken und ebenso, daß es gerade nicht die Bemerkungen der Byzantiner sind, die sich durch Gehalt auszeichnen, sondern daß dieselben größtenteils nichtssagender Natur sind.

Wir werden also wohl diese ästhetischen Urteile nach Inhalt und Form als ein Werk der Alexandriner betrachten müssen. Die zu den Tragikern hat Trendelenburg, wie die ganzen Hypotheseis dem Aristophanes Byz. zugeschrieben. Daß dieser sie in seine Hypotheseis aufnahm, ist auch meine Ansicht; ob er sie aber auch selbst gefällt hat, davon später (§ 17.)

Die folgenden Worte καὶ ἐκ παντὸς τρόπου τὴν εἰρήνην προκαλούμενον bezeichnete ich als den σκοπός oder das κεφάλαιον τοῦ δράματος.

In den Tragödien-Hypotheseis kehrt — in dem uns erhaltenen Textbestand freilich nicht mit der gleichen Regelmäßigkeit wie anderes — ein Punkt öfter wieder, der mit κεφάλαιον bezeichnet wird. Dies bedeutet offenbar der wörtlichen Uebersetzung gemäß: „die Hauptsache" caput, nicht aber wie Trendelenburg a. a. O. p. 6 meint, capitula = particulae universae materiae, welch letztere er dann mit ὑπόθεσις[1]) bezeichnet. Denn wäre das richtig, so müßte in den Hypotheseis ja immer κεφάλαια stehen. Trotzdem aber fast immer mehrere Punkte unter κεφάλαιον genannt werden, findet sich stets nur der Singular. Deshalb glaube ich, daß Schneidewin Recht hat, wenn er a. a. O. S. 13 κεφ. und ὑποθ. für identisch hält[2]). Wir lesen nun auch Ar. Pac. hyp. I: τὸ κεφάλαιον τῆς κωμῳδίας ἐστὶ τοῦτο· συμβουλεύει Ἀθηναίοις σπείσασθαι πρὸς Λακεδαιμονίους καὶ τοὺς ἄλλους Ἕλληνας. Das ist aber doch offenbar das nämliche, was bei anderen σκοπός genannt wird, z. B. Equ. hyp. II: Ὁ σκοπὸς πρὸς τὸ καθελεῖν Κλέωνα; Av. hyp. II: ἀλλ᾽ ὁ μὲν καθόλου στόχος τοιοῦτος, variiert hier statt σκοπός; dagegen wieder Av. hyp. III: ὁ δὲ σκοπὸς τοῦ δρά-

---

[1]) So findet es sich Aesch. Sept. und Pers. hyp.

[2]) Natürlich ist dann hier ὑποθ. in dem ganz engen Sinne „der Grundgedanke" genommen und nicht in der weiteren oben angegebenen „Inhaltsangabe", was Trendelenburg, p. 4 mit A bezeichnet. Daß κεφ. und dieses ὑποθ. von einander nicht verschieden sind, deutet übrigens dieser selbst dadurch an, daß er beide unter dem Buchstaben C vereinigt.

ματος διασύραι πάλιν τοὺς Ἀθηναίους ὡς φιλοδίκους (wie schon in den Wespen). Ran. hyp. IV trägt die Ueberschrift σκοπὸς τοῦ δράματος. Dieser ist aber sicher späteren Ursprungs, wie ich auch Leo zugeben will. Aber gerade wegen dieser Ueberschrift vermute ich, daß ein solcher Teil früher in kürzerer Fassung bestand, den der spätere Verfasser so sehr erweitert hat.

Für die Hauptsache bei der Tragödie nun war κεφάλαιον der richtige Ausdruck. Denn da diese die allgemeinen von Aristot. d. art. poët. c. 6 bezeichneten, für alle Zeiten geltenden Ziele verfolgt, so war hier nur anzuführen, wie diese im speziellen Falle erreicht werden.

Die Komödie aber, (welche zwar auch einen allgemeinen ethischen Zweck hat, nämlich den, durch Bloßstellen der Fehler von denselben zu reinigen, während sie zugleich durch Lächerlichmachen derselben den andern, die Zuschauer zu erheitern erreicht, verfolgte, — und zwar wenigstens zur Zeit des Aristophanes als die sogenannte „alte Komödie" — auch noch gewisse Lokaltendenzen und diese, die Hauptsache des Stückes, werden, am treffendsten mit σκοπός bezeichnet. So erklärt sich also, daß für die Komödie beide Ausdrücke brauchbar waren, für die Tragödie aber nur der erste.

Auch in unserer Hypothesis bezeichnet also jener Satz καὶ .... προκαλ. den σκοπός. Da sich aber das Urteil über ein literarisches Erzeugnis nicht zum kleinsten Teil auf die Tendenz desselben erstreckt, so steht es auch mit diesem σκ. folgerichtig in innigem formellen und materiellen Zusammenhang[1]) und dürfen wir ohne Bedenken für beide den gleichen Verfasser annehmen aus der alexandrinischen Zeit, zumal uns auch die prägnante Kürze darauf hinweist. Doch von seiner Person werde ich später sprechen.

Gleich hohen Alters ist οὐ σώζονται. Daß es aber nicht an der richtigen Stelle steht, sondern umgestellt werden müsse hinter Νουμηνίαι, hat Elmsley richtig gesehen. Denn der Plural bezieht sich nicht auf Χειμαζόμενοι, sondern auf die Stücke der beiden Gegner. Ja gerade wenn es zu Χειμ. gehörte, würde der Singular stehen wie Eur. Med. hyp. σώζεται auf Θερισταί bezogen.

Welche Zeit bezeichnet nun dies Präsens? Die eben angeführte

---

[1]) Fast regelmäßig steht er hinter dem ästhetischen Urteile, so Ach. hyp. I, Vesp. hyp. I, Pac. hyp. I; dann am Schluß von Equ. hyp. I das Urteil, am Anfang von hyp. II der σx.; ebenso am Schluß von Nub. hyp. III das Urteil, am Anfang von hyp. VII der σx. Die Trennung der beiden in den zwei letzten Beispielen ist nur eine Folge der mannigfachen Schicksale, die unsere Hypotheseis hatten.

Hypothesis zur Med:a ist von Aristophanes Byz. (Wir sehen also daraus, daß die alexandrinische Zeit gemeint ist). Ferner heißt es Pac. hyp. III: ἄδηλον οὖν, φησὶν Ἐρατοσθένης, πότερον τὴν αὐτὴν ἀνεδίδαξεν ἢ, ἄλλην καθῆκεν, ἥτις οὐ σώζεται und dürfen das wohl auch für unsern Fall annehmen und οὐ σώζονται auf einen jener Gelehrten zurückführen. Es könnte dasselbe nun von Eratosthenes oder aus den Pinakes des Kallimachos genommen sein. Jedoch mir ist es am wahrscheinlichsten, daß es, da letzterer wohl nur die zu seiner Zeit noch vorhandenen Werke der Autoren aufführte, von Aristophanes Byz. stammt, der wie wir hörten, zum Kallimachischen Werke, einen Kommentar schrieb und nun dazu auch jene anmerkte, von denen e r zwar Kenntnis hatte, die aber damals schon nicht mehr existierten, also in den Pinakes nicht verzeichnet waren.[1])

Nun bleibt uns noch die Didaskalie selbst übrig. Dieselbe ist gewiß wie ich schon § 3 bemerkte, aus Aristoteles Διδασκαλίαι genommen und zwar ist sie so vollständig wie nur wenige, denn sie enthält den Archon, das Fest, die Konkurrenten mit ihren Stücken und den Regisseur. Aus diesem Grunde verdient sie aber auch umsomehr Glauben, so daß wir annehmen dürfen, daß sie nahezu wörtlich von Aristoteles aus den amtlichen Protokollen herübergenommen wurde und wir also in diesem Teile den ältesten vor uns haben.[2])

Der Name des Archon, Euthymenes kann nicht richtig sein. Denn dieser bekleidete das Archontat Ol. 85, 4 = 437—36 v. Ch. Dindorf setzte daher Euthydemos dafür und ihm folgte Alb. Müller in seiner Aus-

---

[1]) Aus der gleichen Quelle stammt wohl auch αὗται μόναι σώζονται CIG I, Nro. 229 Z. 9 (vgl. Usener, symb. ph. Bonn. S. 599), sowie οὐ σώζεται in den vitt. Eur. 1, 3, 4 bei Dindorf, p. 8c. Gr., ed. V, prolegg. p. 7 u. 18. — Auch Richter prolegg. Vesp. p. 21 bezieht es auf die Zeit der Pinakographen, freilich ohne einen bestimmten darunter als Quelle für unser οὐ σωζ. zu bezeichnen.

[2]) Derselben Ansicht ist auch Böckh, Gesamm. kl. Schr. V S. 110, wo er von unserer Didaskalie sagt: „Es gibt keine bestimmter und gelehrter redende Didaskalie als gerade diese, deren Verfasser gewiß nicht aus dem Aristophanes geschlossen hat, da er viele andere Nachrichten hier mitteilt, die er nirgends her schließen konnte. Den Archon konnte er aus dem Stücke noch abnehmen, aber nicht daß Aristophanes siegte, nichts von Kallistratos, nichts von Kratinos und Eupolis: ja das Stück des Kratinos war nicht einmal mehr vorhanden, so daß hier alle Schlußkunst zu Ende ging. Ich wage es zu sagen: die Didaskalien sind nächst den Münzen und Inschriften und den Werken der ersten Geschichtschreiber die lauterften und zuverlässigsten Quellen, gleichzeitige Urkunden über die wirklich aufgeführten Stücke u. s. w. f. S. 17.

gabe der Acharner, Hannover, Rümpler, 1863. Aber auch dieser kann nicht der richtige sein, denn derselbe war Archon Ol. 87, 2 = 431—30 v. Chr.[1]) So verbesserte denn Dindorf in den richtigen Namen Εὐθύνου. Denn daß Euthynos Ol. 88, 3 = 426—25 v. Chr. Archon war, sehen wir aus CIA I, Nr. 273. Dort werden nämlich die für die Athene Polias in 4 aufeinanderfolgenden Jahren verausgabten Gelber aufgeführt mit Angabe der jedesmaligen Archonten und zwar das erste Jahr[2]) ἐπὶ Εὐθύνου ἄρχοντος, das zweite ἐπὶ Σ[τρα]τοκλέους ἄρχοντος, das dritte ἐπὶ Ἰσά[ρχου ἄρχο]ντος, das vierte fehlt auf der Platte. Nun hat unser Dichter unter Isarchos (Nub. hyp. V) die Wolken, ein Jahr zuvor unter Stratokles (Equ. hyp. II) die Ritter, und wieder ein Jahr früher die Acharner aufgeführt, also hieß der Archon Euthynos, und gerade der Name dieses Archons ist in der Inschrift vollständig erhalten, während die beiden anderen, wie man sieht, ergänzt werden mußten. Der Name des Euthynos wird dann ferner noch bezeugt durch vit. Thuc. 8: ὥσπερ τῆς Δήλου κα-θάρσεως, ἣν περὶ τὸ ἕβδομον ἔτος ἐπὶ Εὐθύνου γεγενῆσθαί φασι. Nämlich vom Archon Pythodoros, unter welchem Plataä eingenommen wurde, sind es wirklich 7 Jahre bis Euthynos. Allein bei Ar. Ach. v. 266 heißt es ἕκτῳ σ᾽ ἔτει προσεῖπον. Er zählt also erst 6 Jahre. Es läßt sich jedoch dieser Widerspruch nach Ranke, Ar. vit. p. 340 dadurch er-klären, daß es zweierlei Chronologien für den peloponnesischen Krieg gab. Die einen rechneten von der Einnahme Plataäs unter Pythodoros, die anderen vom Einfall des Archidamos, der 80 Tage später zwar im gleichen Sonnenjahr, aber schon unter dem nächsten Archon Euthydemos erfolgte. Von letzterem aber gezählt, bekommen wir für die Acharner das 6. Jahr.

Die von mir als alt befundenen Bestandteile dieser Hypothesis kommen nun alle (seltener das οὐ σωζ.) regelmäßig in den von Aristophanes Byz. gefertigten Hypotheseis zu den Tragikern vor und haben auch in der Form so große Aehnlichkeit mit diesen,[3]) daß ich keinen Anstand nehme, zu be-haupten, daß sie aus einer alten Hypothesis stammen, welche diesen ale-xandrinischen Gelehrten zum Verfasser hatte. Zugleich sahen wir, daß er dabei aus älteren Quellen geschöpft hat, so gewiß die Didaskalie aus Ari-stoteles, das Urteil und den σκοπός sehr wahrscheinlich auch aus einem Früheren. Doch hierüber s. u. § 17.

---

[1]) Die näheren Nachweise dafür sind zu finden bei Pauly's Realencyklopädie, 2. Aufl., I, 2, 1458—71, „Archonten".

[2]) Die eingeklammerten Buchstaben sind Ergänzungen.

[3]) Sie sind nur noch viel besser erhalten als die tragischen.

§. 8.
Equ. Hyp. II.[1])

Diese Hypothesis ist zusammengefügt aus wenigstens 4 Stücken, die schon bei Dübner in 4 Abschnitte auseinandergeschieben sind. Dindorf hat sogar zwei Hypotheseis daraus gemacht, indem er mit Ἔοικεν ὁ προλογίζων eine neue beginnt.

Diese vier Stücke, welche wir jetzt einer näheren Betrachtung unterziehen wollen, erweisen sich als Produkte verschiedener Zeiten.

Einer der jüngsten Teile ist offenbar die Bemerkung über die vier Klassen der athenischen Bevölkerung nach Solons timokratischer Einteilung. Daß diese weder mit dem Vorausgehenden noch mit dem Nachfolgenden den Verfasser gemeinsam hat, geht schon deutlich aus dem ἰστέον hervor. Diese Formel, die sich in den Scholien sehr häufig findet, führt in den meisten Fällen Bemerkungen eines Späteren zu den Angaben eines Früheren ein, so z. B. schol. Ran. v. 354, schol. Nub. 542 u. a.; dann beginnt es überhaupt Erklärungen eines Scholiasten, z. B. schol. Plut. v. 93, Plut. hyp. V, sowie prolegg. d. com. XV und XVII (Dübner.) Auch zeigt der Ausdruck schon an und für sich, daß er eine Bemerkung einleitet, die zu früheren Teilen der Hypothesis gemacht wurde. Endlich steht der Inhalt ganz außer allem Zusammenhang mit dem Uebrigen, so daß wir ihn nur als den jüngsten Teil bezeichnen können.

Bezüglich der Abfassungszeit sind nicht viel von einander verschieden der erste und zweite Teil unserer Hypothesis, wenigstens ihrem Kerne nach. Im ersten Teile glaube ich diesen zu finden in dem ersten Satze ὁ σκοπὸς αὐτῷ πρὸς τὸ καθελεῖν Κλέωνα, der wie jener in Ach. hyp. I aus der ältesten Zeit der Alexandriner stammt, aber von einem Späteren, wohl einem Byzantiner, erweitert wurde, wie wir derartige Erweiterungen auch haben in Av. hyp. II, Ran. hyp. IV und Plut. hyp. II.

3. 16. λεγομένην Σφακτηρίαν ist entschieden ganz spät und als ungehörig und unrichtig zu streichen. Auch scheint mir Πύλου, das cod. Ven. hat, aus Πύλον verschrieben und dazu erst πόλιν gesetzt worden zu sein, so daß wir auch letzteres streichen und das ursprüngliche Πύλον herstellen dürfen.[2])

---

[1]) cod. V. A. 474. — Dübner, 32, 37a — 33b.

[2]) Uebrigens sind wir nicht sicher, ob cod. Ven. wirklich, wie Dübner angibt, Πύλου hat. Denn Jos. Augsberger hat in seiner Abhandlung: „Die Aristophanes-

Unrichtig ist ferner ἀνεδίδαξε. Im Zusammenhalt mit dem Vorausgehenden πρῶτα κύπτει φοβούμενος könnte es nämlich so verstanden werden, als hätte Aristophanes zuerst unter einem anderen Namen, etwa durch Kallistratos oder Philonides, seine Ritter aufgeführt und wäre erst dann selber hervorgetreten (προφανείς) und hätte die zweite Aufführung selbst besorgt. Da aber der gewissenhafte Autor der Didaskalie nichts davon erwähnt und auch sich sonst nirgends eine Spur davon findet, ja schol. Vesp. v. 1031 ausdrücklich bestätigt, daß die Didaskalien die Ritter als das erste Stück bezeichnen, das Aristophanes selbst auf die Bühne brachte, so hat gewiß der Verfasser dieses ἀνεδίδαξε gar nicht geschrieben, sondern nur ἐδίδαξε. Er fand nämlich in der Didaskalie, daß die Ritter vom Dichter selbst aufgeführt wurden (καθίησι δι' αὐτοῦ, wie er sagt,) und suchte sich das zu erklären durch ἐπεὶ τῶν σκευοποιῶν οὐδεὶς ἐπλάσατο τὸ τοῦ Κλέωνος πρόσωπον, gestützt auf Equ. v. 230[1]). W. Helbig Quaestiones scenicae, Bonn, 1861, S. 24, las nun aus der Stelle πρῶτα μὲν κυπτ. heraus, daß der Dichter zur persönlichen Aufführung gezwungen worden sei, weil niemand für ihn in dem Falle sich dieser Aufgabe habe unterziehen wollen. Allein für eine solche Annahme bietet doch unser Text zu wenig Anhaltspunkte. Vielmehr glaube ich, daß damit gesagt sein soll: „Während er sich in den ersten Stücken aus Furcht hinter andern versteckt hatte, trat er jetzt selbst auf." Der Grund freilich, den unser Autor mit ἐπεί.. angab, ist nicht der richtige, sondern es veranlaßte hiezu den Aristophanes wohl nichts anderes als etwa der in den früheren

scholien und der cod. Ven. A," Sitz.-Ber. d. Kgl. b. Ak. d. W. 1877 S. 254 dargethan, daß man den Scholienausgaben hinsichtlich der Angaben über den Textbestand nicht trauen dürfe.

[1]) Das Scholion hiezu erweitert das sogar noch dahin, daß er nicht bloß keine Maske, sondern auch keinen Schauspieler bekommen und deshalb selbst die Rolle des Kleon gespielt habe, μιλτώσας ἑαυτὸν ἢ τῇ τρυγίᾳ χρίσας ἑαυτόν. Da aber davon, daß unser Dichter als Schauspieler aufgetreten sei, nirgends außer in der vita etwas erwähnt ist, dort aber fast mit den gleichen Worten wie im Scholion, so daß wir annehmen dürfen, daß beide Stellen von einander stammen, da ferner Aristophanes dies gewiß irgend einmal selbst erwähnt hätte, da endlich die Athener es nicht hätten angehen lassen, wenn einer der Schauspieler keine Maske getragen hätte: so möchte ich jene Mitteilung μιλτώσας des Scholions und der vita für einen Irrtum bezeichnen, der entsprungen ist aus einer falschen Auffassung des δι' ἑαυτοῦ ὑπεκρίνατο der vita, die sich kurz vorher deutlicher ausdrückte mit καὶ αὐτὸς ἠγωνίσατο, denn nur so, nämlich vom διδάσκαλος, ist das zu verstehen und nicht etwa vom Schauspieler wie z. B. Böckh, CIG I, S. 351 meinte (s. o. S. 22).

Stücken durch seine Regisseure geerntete Ruhm (εὐδοκιμήσας) und die daraus entspringende Hoffnung, nun mit den Rittern einen noch schöneren Erfolg, den wirklichen Sieg, zu erringen.

Aehnlich wie mit dem ersten Teile unserer Hypothesis scheint es auch mit dem zweiten: ἔοικεν — οἱ δύο zu stehen. Auch dieser ist aus einem alten Kern hervorgegangen, den wir nach dem Inhalte und vielleicht auch der Form nach herausschälen können. Es sind dies nämlich die beiden Sätze: 1) οἰκέται δὲ δύο τοῦ δήμου προλογίζουσι und 2) ὁ δὲ χορὸς ἐκ τῶν ἱππέων ἐστίν.

Aehnliche Angaben über den προλογίζων wie hier finden sich auch noch bei Pac. hyp. II, Av. hyp. II (Εὔελπ. ὃς καὶ πρότερος ἄρχεται) und Plut. hyp. II. Es war aber das auch eine Rubrik im Hypothesis-Schema des Aristophanes Byz.[1]), so daß wir auch diesen Teil auf ihn zurückführen dürfen. Leo a. a. O. glaubt dagegen, daß, weil ein paar Bemerkungen über σκηνή nicht so passend und, wie ich am Ende auch zugebe, wahrscheinlich späteren Ursprungs sind, nun auch alles, was sich über σκηνή, χορός, προλογίζων findet, byzantinisch sein müsse, trotz der frappanten Aehnlichkeit zwischen den tragischen und komischen Hypotheseis, die er in diesem Punkte selbst herausfindet. Ich kann hierin nur eine Erweiterung des kurzen Textes der alten Hypothesis erblicken. Dadurch hebt sich sodann auch der scheinbare Widerspruch zwischen dem vorausgehenden ἔοικεν ὁ προλογίζων εἶναι Δημοσθένης und unserem οἰκέται δὲ δύο προλογ. Letzteres war das ursprüngliche und ein Späterer hat demjenigen von den zweien, der zuerst spricht, nun auch einen bestimmten Namen gegeben, b. h. diesen auch nur wörtlich aus schol. v. 1 herausgenommen und dies dann noch erweitert.

Der zweite Punkt, welcher die Zusammensetzung des Chores angibt, ist ebenso alten Ursprungs wie der erste. Auch hier betrachte ich die Worte οἳ καὶ — ἁλόντα als spätere Erweiterung. Dieser Punkt ist nur an unserer Stelle mit einem der alten Ausdrücke bezeichnet, bei den tragischen Hypotheseis gewöhnlicher συνέστηχεν ἐκ... Bei allen übrigen ist er in die Erzählung eingeflochten, immerhin aber ist fast in jeder Hypothesis ausdrücklich auf den Chor aufmerksam gemacht.

Doch wenden wir uns jetzt zu dem ältesten und wichtigsten Teile unserer Hypothesis, der Didaskalie.

Vorerst will ich noch erwähnen, daß dieselbe nach Augsberger im

---

[1]) Von Trendelenburg S. 4 mit C bezeichnet.

cod. Ven. hinter hyp. III steht und dann noch, „rein als Spielerei zur Raumausfüllung auf 5 Zeilen verteilt", die Worte folgen: οἰκία ἡ πόλις, δεσπότης ὁ δῆμος, θεράποντες οἱ στρατηγοί, welche bereits in hyp. II stehen und gewiß ganz spät sind.

Daß die Didaskalie wie die anderen auf Aristoteles zurückgeht, beweist ihre klare knappe Form, aber auch ihre Vollständigkeit. Denn sie enthält alles, was in einer Didaskalie stehen soll, den Archon, das Fest, den Erfolg, die Mitbewerber und ihre Stücke. Doch bietet sie auch anderseits zwei Angaben, die Beachtung verdienen, weshalb ich diese eingehender besprechen muß.

Vor allem fällt uns δημοσίᾳ auf, denn wir haben in keiner der uns erhaltenen tragischen oder komischen Hypotheseis ein Analogon. An und für sich kann es nur heißen: „auf Kosten des Volkes oder Staates", so daß also die Kosten der Aufführung, d. h. die Choregie, der Staat übernahm. Es hätte also in diesem Falle der Staat geleistet, was als eine der ἐγκύκλιοι λειτουργίαι Sache und zwar Ehrensache der einzelnen, reicheren Bürger war. Diese Ansicht hatte auch Ranke, Ar. vit. p. 382, wobei er sich auf obiges τὰ μὲν πρῶτα κύπτει φοβούμενος stützte; ja er fand die Bestätigung seiner Annahme sogar in Vesp. v. 1023. Doch untersuchen wir die Sache näher.

Daß der Staat wirklich solche Leistungen übernahm, dafür haben wir positive Beweise. CIG 1, Nro. 225 heißt es: ὁ δῆμος ἐχορήγει. Πυθάρατος ἦρχεν .... Ἱπποθωντὶς παίδων ἐνίκα; ebenso Nro. 226: ὁ δῆμος ἐχοχήγει. Πυθάρατος ἦρχε ... Πανδιονὶς ἀνδρῶν ἐνίκα. Pytharatos war Archon Ol. 127, 2=271—270 v. Chr. Doch die Beweiskraft dieser beiden Stellen wird aus zwei Ursachen gelähmt. Erstens sind das Fälle von lyrischen Agonen und dürfen wir nicht so schnell daraus eine Folgerung für die dramatischen ziehen. Zweitens ist es zwar bekannt, daß durch und nach dem peloponnesischen Krieg sich die Vermögensverhältnisse der Athener bedeutend verschoben hatten, so daß es nur wenige Reiche, dagegen viele Arme gab und die Choregie bereits unter Kallias 406—405 dahin abgeändert wurde, daß sie von zwei zusammen geleistet werden durfte, schol. Ar. Ran. v. 404; ferner wissen wir, daß unter der Verwaltung des Demetrios 316—307 v. Chr. der Demos die Choregie dem Namen nach übernahm und einen Agonotheten aufstellte, der, zwar auch noch mit bedeutenden Privatkosten, aber doch wohl schon unterstützt von Zuschüssen des Staates, die sämtlichen musischen Agone für das ganze Jahr zu besorgen hatte (ἐπιμέλεια¹): aber welcher Zeitraum liegt zwischen diesen Beispielen und unserer Ritteraufführung, die ja doch noch in die Blütezeit des athenischen Staates fällt, und nach der noch 16 Jahre lang die alte Sitte der Leiturgien in ihrem vollen Umfange fortbestand! In den öffentlichen Protokollen ferner scheint auch nicht der Choreg, sondern nur der Dichter aufgeschrieben worden zu sein.²) Und wenn so die Urkunden darüber schweigen, so dürften wir gewiß die Erwähnung eines solch außerordentlichen Vorkommnisses bei irgend einem Schriftsteller erwarten, wenn auch nicht bei Thukydides, der den Aristophanes überhaupt nie erwähnt. — Nun findet sich auch hievon nirgends eine Spur. Darum kann ich auch nicht mit Ranke aus Vesp. v. 1023 eine Choregie des Demos für die Ritter herauslesen, sondern es liegt wohl lediglich der Sinn darin: „Das Volk hat mich wie noch keinen geehrt dadurch, daß es mir, obgleich ich den mächtigsten Mann im Staate angegriffen habe, dennoch den Preis zuerkannte", wozu außer der Vortrefflichkeit des Stückes selbst³) wohl auch der Haß beitragen mochte, welchen die Ritter, die in diesem Stücke so geehrt wurden, gegen Kleon hatten, der sie ja einmal wegen Pflichtvergessenheit, ὡς λειποστρατούντων, wie Theopomp schol. Equ. v. 226 sagt, freilich ohne Erfolg, angeklagt hatte.⁴) Daß in δημοσίᾳ etwa der verderbte Name einer Phyle stecke, dürfen wir nicht denken, denn obige Inschriften, die man vielleicht zum Vergleich heranziehen könnte, beziehen sich auf **lyrische** Agone, wo immer **eine** Phyle den Chor stellte, während derselbe bei den **dramatischen** stets aus den brauchbarsten Leuten **aller** Phylen bestand. Vgl. Oehmichen, Sitz.-Ber. S. 121 und Bühnenwesen S. 198. (A. Müller S. 332 hält die lyrischen und dramatischen Choregien nicht auseinander.) Darum beruht auch die Ergänzung Richters Vesp. prolegg. p. 10 in der choragischen Denkmalinschrift des Themistokles auf Fiktion. Der Name einer Phyle war dort nicht genannt, wohl aber der Choreg (und sein Demos.)

So bleibt uns denn nichts übrig, als dieses δημοσίᾳ zu streichen,

---

[1] Vgl. A. Müller, Bühnenaltertümer S. 339 u. 340.

[2] s. Oehmichen, Bühnenw. S. 207.

[3] Ranke p. 415: „Quid? quod vix me tenero possum, quin quamquam Cratini Eupolidis et Aristophanis deperditarum fabularum haud immemor, Equites omnium, quas antiqua comoedia genuit, iudicem praestantissimam esse."

[4] Hiezu vgl. Ab. Emminger, Der Athener Kleon, Programm des Kgl. Gymnasiums Eichstätt v. J. 1882, S. 44.

da, wie wir sehen, eine mit den thatsächlichen Verhältnissen vereinbare Erklärung nicht gefunden werden kann.¹)

Merkwürdig ist ferner δι' αὐτοῦ. Es findet sich zwar eine derartige Notiz in keiner der erhaltenen Dibaskalien, sondern wenn der Dichter sein Stück selbst aufführte, hieß es einfach καθῆκε, bezw. ἐνίκησε. Daß wir aber deshalb noch nicht daran denken dürfen, δι' αὐτοῦ zu streichen, ergibt sich aus folgenden Erwägungen:

Die vorausgehenden Stücke hatte Aristophanes durch Kallistratos aufführen lassen, bei den Rittern dagegen leitete er zum erstenmale die Aufführung selbst. Gewiß erschien das dem Aristoteles wichtig genug, um es zu erwähnen, zumal bei einem Dichter von solchem Rufe. Und zwar schöpfte er das nicht aus der offiziellen Dibaskalie, sondern er setzte es selbst hinzu. Daß sobann δι' αὐτοῦ schon von jeher in unserer Dibaskalie stand, sehen wir aus schol. Vesp. v. 1031²)

Endlich ist πρῶτος ἐνίκα auffallend. Es hat zwar hierüber bereits Madvig, Kl. philol. Schriften S. 449—51 geschrieben,³) doch möge mir gestattet sein, die Sache einer näheren Prüfung zu unterziehen, da derselbe sein abweisendes Urteil mit Nachlässigkeit und Verwirrung in der auf uns gekommenen Redaktion begründet, wofür er aber eine weitere Erklärung nicht bringt.

Der Ausdruck kann nur bedeuten: „Unter den Siegern war er der erste". Also müßte sicher auch noch der zweite, ja vielleicht auch noch der dritte als Sieger bezeichnet worden sein, so daß also sämtliche drei Konkurrenten — mehr waren es, wie ich S. 21 erwähnte, im 5. Jahrhundert sicher nicht — durch einen Preis geehrt worden wären.⁴) Es ist aber doch höchst befremdend, ja undenkbar, daß bei einem Preisbewerben sämtliche Zugelassene — also im 5. Jahrhundert die 3 Dichter — einen Preis bekommen hätten.⁵) Was mußte denn der Preis für eine Ehre

---

¹) Ebenso Madvig, Kl. phil. Schr. S. 450, Anm.
²) Zur Sache vgl. schol. Nub. v. 530, sowie zum Ausdrucke δι' ἑαυτοῦ διδάσκειν schol. Nub. v. 529, 531.
³) A. Müller, Bühnenaltert. S. 320 u. 345 hat seine Ansicht angenommen.
⁴) Zu einer derartigen Auffassung bekannte sich vor allem Ranke, Ar. vit. S. 275, dann Elmsley, dem Nauck in seiner Euripidesausgabe, 1860, vol. I. p. XXIII beistimmt, und endlich Richter, prolegg. Vesp. p. 20.
⁵) Um die Unwahrscheinlichkeit einer solchen Annahme zu mildern, nahm Böckh, CIG I, S. 352 für 5 Konkurrenten 3 Preise, Bernhardy, Griech. Lit. II, 2 S. 151 bei 3 certierenden Dichtern 2 Preise an.

sein für den Dichter, der den dritten erhielt? Als Entschädigung für seine Mühe konnte er auch nicht betrachtet werden, denn diese erhielt er in dem μισθός, der einem jeden bezahlt wurde.[1])

Ferner ist in den athenischen Siegerlisten[2]) immer nur einer als Sieger verzeichnet, und ebenso sehen wir aus den attischen Dichterlisten CIA II, 2, Nr. 977, b. h. aus den dort aufgeführten Dichternamen beigefügten Zahlen, wenn wir dieselben mit den sonstigen Ueberlieferungen vergleichen, daß nur der erste Platz als Sieg gerechnet wurde.

Sodann ist in der weitaus größten Zahl der Hypotheseis der gewöhnliche Ausdruck entweder ἐνίκα oder πρῶτος ἦν, während die andern nur mit δεύτερος, τρίτος bezeichnet werden.

Ranke beruft sich für seine Ansicht auf Ath. IX. 374 B, wo es vom Dichter Anaxandrides heißt: Ὅτε γὰρ μὴ νικήρη, λαμβάνων ἔδωκεν εἰς τὸν λιβανωτὸν κατατεμεῖν καὶ οὐ μετεσκεύαζεν und weiter unten: θαυμάζω οὖν, πῶς ὁ Τηρεὺς παρεσώθη μὴ τυχὼν νίκης. Er meint nämlich, νίκη und νικᾶν müsse hier nicht notwendig vom ersten Preis verstanden werden, aber mit demselben, wenn nicht mit größerem Rechte können wir geltend machen, daß nicht notwendig alle drei gemeint sind, sondern nur der erste. Auch gibt Ranke durch obige Aeußerung selbst zu, daß die Beziehung auf einen Preisträger die natürlichste sei.

Ferner findet Ranke eine Bestätigung seiner Ansicht in Soph. vit. (Dindorf, P. sc. Gr. S. 11 Z. 41) νίκας δ' ἔλαβεν εἴκοσιν, ὥς φησι Καρύστιος, πολλάκις δὲ καὶ δευτερεῖα ἔλαβε, τρίτα δ' οὐδεπώποτε, die den meisten Glauben verdient[3]). Wären nun auch der zweite und dritte als Sieger bezeichnet worden, so hätte Karystios gewiß gesagt: νίκας πρώτας, δευτέρας, τρίτας. Denn mit δευτερεῖα κτλ. ist nur der zweite, dritte Platz gemeint[4]).

Weiters meint Ranke, weil Aristophanes in den Wespen die Athener

---

[1] s. Madvig S. 449, Müller S. 345.

[2] CIA II, 2, Nro. 971, a—e, dazu zwei weitere Bruchstücke ἐφημ. ἀρχ. 1886 S. 268 und 1887 S. 23.

[3] Suidas: νίκας δ' ἔλαβε κδ', dagegen die attische Dichterliste, ΔΓΙΙΙ = 18 Siege.

[4] Dies machte schon Madvig S. 452 gegen Schneider, Das attische Theaterwesen, Weimar, Hofmann, 1835, S. 171 geltend, wo dieser, gestützt auf unsere Stelle, 3 Preisträger, darunter aber einen Sieger annimmt. — Auch Welcker, Griech. Trag. S. 81 verstand es ursprünglich vom 2. 3. Platze, ließ sich aber, wie es scheint, durch Clinton, On the number of dramas ascribed to Sophocles (Philolog. Mus. I, 1832, S. 79 Anm.) bestimmen auch einen 2. und 3. Preis anzunehmen.

schelten wolle, daß sie ihm in den Wolken den dritten Preis gegeben hätten, während er doch nicht erzürnt sei, daß er in den Daitaleis auch nur der zweite geworden sei, ja sich im Gegenteile dessen rühme, so folge daraus, daß νίκη für alle drei gebraucht worden sei. Nun aber heißt es an jener Stelle Nub. v. 529 von den beiden Jünglingen, die in den Daitaleis vorkommen, ἄριστ' ἠκουσάτην, worin doch noch nicht ἐνίκησα liegt und der Scholiast sagt zur ganzen Stelle: ηὐδοκίμησε δὲ σφόδρα τούτῳ τῷ δράματι und weiter zum Lemma ἠκουσάτην: Ἀντὶ τοῦ ηὐδοκίμησαν, οὐ γὰρ τότε ἐνίκησεν,[1]) ἐπεὶ δεύτερος ἐκρίθη ἐν τῷ δράματι. Auch hat Petersen J. J. 85, 1862, 663 die Vermutung aufgestellt — und dieselbe hat große Wahrscheinlichkeit —, daß εὐδοκιμεῖν von den Scholiasten geradezu vom zweiten Platz gebraucht worden sei, so daß wir es am besten mit „einen Achtungserfolg erringen" übersetzen können, was trefflich für den zweiten Platz, den Aristophanes mit den Daitaleis erhielt, paßt.

Nachdem wir also gesehen haben, daß νικᾶν nur von dem Dichter gebraucht war, der von den Richtern als der erste erklärt wurde, so leuchtet auch ein, daß πρῶτος in unserer Hypothesis nicht richtig sein kann. Ich glaube vielmehr, daß es ursprünglich ἀ. ἐνίκα hieß und ein späterer Abschreiber diese Abkürzung des Namens Aristophanes für α' las. Das Gleiche war der Fall in Vesp. hyp. I, die ich im § 9 behandeln werde.

Doch unsere ganze Beweisführung scheint durchkreuzt zu werden durch Nub. hyp. V: ὅτε Κρατῖνος μὲν ἐνίκα Πυτίνῃ, Ἀμειψίας δὲ Κόννῳ. Indessen legt uns CIA II, 2, Nro. 972 Z. 12: Διόδωρος δευ. Νεκρῷ die Vermutung nahe, daß auch an unserer Stelle ursprünglich Ἀμ. δὲ δευ. stand, was dann ein Abschreiber wegen der Aehnlichkeit mit δὲ übersah. Ueber Pac. hyp. I ἐνίκησε τῷ δράματι s. § 10.

Das also scheint mir die Nachlässigkeit zu sein, die wir an dieser Stelle der Hypothesis zu rügen haben, und die wir einem Abschreiber, aber kaum der Redaktion unserer Scholien zur Last legen dürfen.

Was endlich das Personenverzeichnis anbelangt, so ist dasselbe sicher ein Produkt der spätesten Zeit.

So erkannten wir also auch in dieser Hypothesis die Disbaskalie als ältesten Teil und fanden in den übrigen Teilen, wenigstens einen alten Kern aus der alten Hypothesis des Grammatikers Aristophanes, der freilich durch spätere Zusätze entstellt ist.[2]) Aus derselben war gewiß auch der

---

[1]) So richtig Ald. statt des unverständlichen οἱ γὰρ ἐνίκησαν.
[2]) Vgl. dazu auch § 12.

letzte Satz von hyp. I, der das schon früher erwähnte ästhetische Urteil enthielt und der wahrscheinlich zuerst am Anfange unserer Hypothesis stand, später aber durch einen Abschreiber abgetrennt an jene Stelle kam. Die demselben vorausgehende Erzählung ist dagegen wie die schon besprochene in Ach. hyp. I viel später.

§ 9.
Vesp. hyp. I.[1])

Diese Hypothesis zerfällt in zwei Teile. Da der erste derselben bis Z. 30, ebenso wie in Ach. hyp. I nur eine lange Erzählung des Inhalts ohne präzise Hervorhebung die Hauptmomente enthält und hiedurch wie jener sich als späteren Ursprungs erweist, so können wir sogleich zu dem wichtigeren zweiten Teile übergehen, der durch Inhalt und Form das höchste Interesse bietet.

Die Didaskalie Z. 36—38, stammt wohl ebenfalls wie die bereits behandelten aus Aristoteles' Sammelwerk. Doch verursacht uns die gegenwärtige Form mehrfaches Bedenken.

Die beiden bedeutendsten Handschriften R und V haben ἐν τῇ πόλει ὀλυμπιάδι βηι. Der Text kann in dieser Gestalt natürlich nicht richtig sein, weshalb schon mancherlei Verbesserungsversuche gemacht wurden.

Die Ald. schrieb ἐν τῇ πόλει ὀλυμπίων. Da aber die Didaskalien nur die dramatischen Aufführungen in Athen enthielten, eine solche Bezeichnung für diese Stadt aber doch äußerst ungewöhnlich wäre, so hat diese Lesart die größte Unwahrscheinlichkeit.

Daraus hat nun schon Kannegießer, Die alte komische Bühne in Athen, Breslau 1817, S. 268 gemacht: ἐν τῇ πθ' ὀλυμπιάδι und dazu gezogen das darauf folgende βηι., das sonst (Ald., Brunck) in ἣν δεύτερος oder (Bekker, Dübner, Richter, Dindorf, Ar. fr. p. 66) in δεύτερος ἣν aufgelöst wurde, indem er daraus δευτέρῳ ἔτει las, und dies hat auch Petersen J. J. 85, 1862, 662 angenommen und wohl nicht ganz mit Unrecht. Denn soviel scheint sicher, daß β die Jahresziffer bezeichnet, und so könnte auch in ηι das Wort ἔτει zu suchen sein. Es findet sich nämlich das Aufführungsdatum nach Olympiaden und Jahren auch Aesch. Ag. hyp.: ὀλ. ὀγδοηκοστῇ ἔτει δευτέρῳ (Ar. Byz.) und Eur. Hipp. hyp. ὀλ. πζ' ἔτει β' (Ar. Byz. nach Schneidewin); ferner nur nach Olympiaden Eur. Med. hyp.: κατὰ τὴν ὀγδοηκοστὴν ἑβδόμην ὀλ. (Ar. Byz.), Aesch.

---
[1]) R. u. V. — Dübner, 135,a.

Sept. ὀλυμπιάδι οη' (Ar. Byz. nach Trendelenburg), endlich Ael. V. H. II. 8: κατὰ τὴν πρώτην καὶ ἐνενηκοστὴν ὀλυμπιάδα, καθ᾽ ἣν ἀντηγωνίσαντο ἀλλήλοις Ξενοκλῆς καὶ Εὐριπίδης.

Einigermaßen befremdet an unserer Stelle das ἐν, da sonst, wie wie wir aus den angeführten Stellen sehen, wenn das Jahr angegeben ist, der bloße Dativ steht. Allein da auch bei fehlender Jahresangabe, b. h. wenn wir nicht βη: für δευτέρῳ ἔτει annehmen wollten, in der Regel κατὰ und nicht ἐν steht, so müssen wir eben dies für einen ungewöhnlichen ungenauen Ausdruck nehmen, der daraus entstanden sein mag, daß ein Schreiber das vielleicht ursprünglich abgekürzte πθ' ὀλ. β' in ἐν... auflöste.

Δεύτερος ἦν las man nur deshalb, um die Erwähnung des zweiten Konkurrenten, der sonst fehlen würde, zu bekommen. Daß aber das nicht notwendig ist, lehrt uns das analoge Beispiel Nub. hyp. V, wo auch nur der erste und zweite angeführt sind, so daß also selbstverständlich Aristophanes der dritte wird.

Diese Bestimmung des Olympiadenjahres ist nun offenbar jünger als die Didaskalie, welche ja auf Aristoteles zurückgeht. Denn daß zu seiner Zeit diese Olympiadenrechnung noch nicht existierte, ist bekannt, da Timaios, der Schöpfer derselben, erst nach Aristoteles' Tode i. J. 310 nach Athen kam.[1]) Auch ist diese Rechnung in Athen selbst sicher nicht gebraucht worden, da man dort bis in späte Zeit hinein noch nach Archonten rechnete. Dagegen war sie sehr brauchbar für Gelehrte außerhalb Athens, die damit gleichsam eine internationale Aera einführten, und ich nehme keinen Anstand sie mit Briel S. 51 Anm. den Alexandrinern zuzuweisen. Unter diesen ist es aber wohl Aristophanes Byz., der bei Abfassung seiner Hypotheseis das Datum in dieser Weise feststellte; denn wir fanden solche Angaben auch in den von ihm verfaßten tragischen.

Daß dieses Olympiadendatum nicht an der rechten Stelle steht, können wir zugeben, denn wenn zugleich auch der Archon genannt ist, so steht dieser in der Regel unmittelbar vor dem Olympiadenjahr. Aber ich vermute auf Grund des ἐν, daß hier letzteres voranstand. Nur dürfen beide nicht getrennt werden. Die Olympiadenangabe zu streichen, wie Dindorf und Leo thun, halte ich nicht für richtig. Selbst wenn man ihren Ursprung in spätere Zeit versetzen will, als ich gethan, so kann man sie höchstens als spät bezeichnen. Denn fingen wir deßhalb zu streichen an, so müßten

---

[1]) Darum kommt auch das Wort ὀλυμπιάς bei Aristoteles gar nicht vor.

wir gewiß noch anderes was sich als jung erweist (z. B. die Erzählung des Inhalts in unseren Hypotheseis), streichen.

Aus den Worten καὶ ἐνίκα πρῶτος Φιλωνίδης Προάγωνι erfahren wir den Sieger und sein Stück. Der Name des letzteren lautete jedenfalls προάγων und nicht προαγών,[1]) wie Dübner noch hat. Denn das Wort, das aus πρό und ἀγών zusammengesetzt ist, muß nach der bekannten Regel den Accent soweit als möglich vorne haben. Ich verweise auf die unzähligen Zusammensetzungen der adiectiva verbalia auf τός wie πολύθρύλητος, ἄτακτος, ἀργυρώνητος. — Die Bedeutung des Wortes ist also: „das dem Agon Vorausgehende". Ausführlich hat darüber gesprochen Oehmichen, Sitz.-Ver. 1889, II, 1, 103—168. Der gelehrte Forscher nimmt im ersten Teile dieser Abhandlung, welcher die Ueberschrift trägt: „Proagon, Kommos", drei Arten von Proagon an, nämlich 1) eine rein gottesdienstliche Feier im Heiligtume, 2) eine Hauptprobe vor den großen Dionysien im Odeion, 3) einen Ankündigungsproagon im Theater vor dem eigentlichen Agon. Mir scheint indeß diese dreifache Unterscheidung gar zu subtil zu sein, insbesondere ist es gar nicht klar, was man sich unter dem Ankündigungsproagon denken soll[2]) und gerade in dieser Bedeutung will Oehmichen den Titel unseres Stückes auffassen. Dagegen wies Kock, Com. Att. frgt. I, 510 auf schol. Aesch. 3, 67 hin, welche Stelle auch Oehmichen für „Hauptprobe" anführt.[3]) Und eben diese Bedeutung paßt für unsere Stelle am besten. Denn gerade literarische Themata, Verhöhnung der Tragiker, bildeten außerordentlich beliebte Sujets der Komiker. Aus schol. Ar. Vesp. v. 61 erfahren wir nun auch, daß in diesem Stücke Euripides mitgenommen wurde, also war gewiß eine komische Darstellung einer Hauptprobe irgend eines Euripideischen Stückes der Gegenstand der Komödie. Ebenso Hiller, Hermes, 7, 405. Auch J. Muhl, Zur Geschichte der attischen Komödie, Programm des Augsburger St. Anna-Gymnasiums 1881, S. 40 erklärt es so, indem er direkt behauptet, es sei eine Travestie gewesen, wie aus den Fragmenten ersichtlich sei.

Ob aber dieses Stück, das uns die Didaskalie als preisgekröntes

---

[1]) f. Dindorf in Thes. ling. Gr. s. v. προάγων, wo derselbe als Belegstellen Herodian, I, 24, 1; II, 729, 7 und Arcad. 10, 20 anführt, während in der ursprünglichen Ausgabe des Stephanus selbst noch προαγών stand.

[2]) Müller, Bühnenaltert. S. 363 will überhaupt nur diese Bedeutung gelten lassen.

[3]) Die Wichtigkeit dieses Scholions hat bereits Usener betont, symb. philol. Bonn. p. 849 in den Berichtigungen.

Stück des Philonides meldet, wirklich diesen zum Verfasser hat, dagegen erheben sich gegründete Bedenken.

Es wird nämlich vor allem des Philonides Proagon nur hier erwähnt. Sodann kann man wohl diesen als Dichter hier verstehen, aber das muß nicht geschehen, denn er kann auch hier wie in den anderen Stücken nur Regisseur gewesen sein. Der Nominativ braucht uns gerade nicht aufzufallen, denn in den offiziellen Urkunden war eben der als Sieger verzeichnet, der das Stück aufgeführt hatte, in unserem Falle Philonides, vgl. Av. hyp. I διὰ Καλλιστράτου ἐν ἄστει, ὃς ἦν δεύτερος τοῖς Ὄρνισι. — Da nun Philonides einer der beiden Regisseure des Aristophanes war und uns dieser letztere als Verfasser eines Προάγων betitelten Stückes bekannt ist, indem wir mehrere Fragmente daraus haben, während von einem gleichen Stück des ersteren außer an unserer Stelle nichts überliefert ist, so könnten wir, wenn anders der Text richtig ist, den Philonides auch für den Regisseur im Proagon des Aristophanes ansehen. Dies wollte ich früher auch durch Umstellung καὶ πρῶτος ἐνίκα Φιλ. besser betonen[1]), allein ich bin jetzt davon abgekommen, denn mir ist Φιλωνίδης verdächtig. Wenn ich es auch nicht absolut als eine Ungeheuerlichkeit für diese Zeit betrachten will, daß ein Dichter mit zwei Stücken auftrat, auch nicht das von manchen statuierte Gesetz annehme, wonach kein Dichter zwei Chöre hätte bekommen sollen, so kommt es mir von seiten der sich anmeldenden Dichter (und Regisseure) höchst unwahrscheinlich vor, daß einer in jener Zeit, wo doch das Einstudieren noch viel mehr Mühe machte, weil die Chorgesänge noch vorhanden waren, es fertig gebracht haben sollte, zwei Stücke für das gleiche Fest einzustudieren und zur Aufführung zu bringen. Deshalb schlage ich vor Φιλωνίδης zu streichen.

In der in § 8 behandelten Ritterhypothesis sagte ich schon, daß auch an unserer Stelle das πρῶτος ἐνίκα, dessen Unhaltbarkeit ich dort näher auseinandersetzte, durch Mißverständnis eines Schreibers zu erklären sei, der ἐν. α. (Α.) = Ἀριστοφάνης für α' = πρῶτος las. Dann bekommen wir aber für Προαγ. den Dichter und für ἐνίκα das fehlende Subjekt. Nachdem nämlich der Name des Aristophanes durch falsches Abschreiben entfernt war, nahm man als Subjekt das nächstliegende Φιλωνίδης. —

Mit der von mir vorgeschlagenen Aenderung lösen sich dann auch

---

[1]) Auch Petersen, J. J. 85, 1862, 663 war schon auf diesen Gedanken gekommen.

die weiteren Anstände. Es siegt nun nicht mehr ein sonst wenig bekannter Dichter über den berühmten Aristophanes. Es ist auch das Auffällige beseitigt, daß Ar. ein Stück, die Wespen, einem zur Aufführung gegeben hätte, der zu gleicher Zeit ein eigenes auf die Bühne brachte. Hätte in diesem Falle der Dichter nicht fürchten müssen, daß Philonides den Wespen weniger Sorgfalt widme, als seinem eigenen Stücke Proagon. Und hätte Philonides dies gethan — wie es nach dem von der Didaskalie berichteten Erfolge scheinen möchte —, würde dann nicht Aristophanes in Zukunft auf des Philonides Dienste verzichtet haben? Nun aber hat er ihm auch nachher Stücke zur Aufführung übergeben. (Sicher wissen wir das von den Fröschen und dem Amphiaraos). Es verlangt aber jetzt auch nicht mehr einer zwei Chöre, sondern beide Dichter je einen, wenn sie auch faktisch beide für Aristophanes gehören. Und in dieser Weise wurden sicher ohne Anstand einem Dichter zwei Chöre für ein Fest bewilligt. Endlich hat nun nicht mehr eine Person die doppelte Mühe des Einstudierens.

So wird aber auch ein Licht auf die Censur der beiden Stücke geworfen. Es treten in nähere Konkurrenz die Wespen, welche das ganze athenische Volk in einem seiner teuersten Rechte, dem Richteramte, verhöhnten, und worin ihm der Dichter noch speziell Vorwürfe machte wegen des unverdienten abfälligen Urteils über die Wolken, und der Proagon, der einen literarischen Gegenstand behandelt, worin Euripides der Gegenstand des Spottes war, ein Lieblingssujet des Aristophanes. Was war natürlicher, als daß die Richter, die ja doch nur die öffentliche Meinung des Theaterpublikums zum Ausdruck brachten, dem letzteren, wo sich das ganze Volk so recht auf Kosten eines einzelnen erheitern konnte, den Vorzug gaben gegenüber dem andern, bei dem sich die Athener trotz des Lachens über die einzelnen Scenen des Stückes, dessen sie sich wohl nicht erwehren konnten, mehr ärgern mußten?

Es hat sich nun über diese Frage soviel Uneinigkeit unter den Gelehrten gezeigt, daß es sich wohl der Mühe verlohnt, diese verschiedenen Meinungen kurz zu behandeln.

Die einen nämlich nehmen den Philonides als Dichter, den Proagon als sein Stück, so Meineke, Qu. scen. II, 39, der aber διὰ Καλλιστράτου statt διὰ Φιλωνίδου schreiben will. Dieses letztere ist aber doch durch die Didaskalie und ihre Form zu sehr verbürgt, als daß man daran rütteln oder gar den Namen ganz ändern dürfte, um etwa dem erst später gemachten Gesetze des Anonymus (s. S. 26.) Rechnung zu tragen. Diese Verteilung der Aristophanischen Stücke unter den beiden nach Stoffen mag ja im allgemeinen ihre Richtigkeit haben, aber der Dichter hat sie gewiß nicht ausnahmslos durchgeführt.[1]) Ja gerade in unserem Falle mochte er einen Grund haben von diesem Gesetze — wenn er es sich überhaupt gemacht halte — abzugehen. Er brachte nämlich nach dem Durchfall der Wolken wohl gerade deshalb zwei Stücke zugleich, um mit einem einen sicheren Erfolg zu erringen, und wählte unter diesen wiederum gerade das für sich zur Aufführung, welches am ehesten Erfolg versprach, den Proagon.

Auch Petersen, J. J. 85, 1862, 662 ff. hält unter Streichung von διὰ Φιλ. den Proagon für ein Stück des Philonides, macht aber diesen zum zweiten, indem er vor ΛΕΥΚΩΝ den Ausfall von ΔΕΥ annimmt. Dabei müßten wir aber denken, daß schon Aristoteles in Benützung seiner Quellen sich geirrt hätte, wenn wir diesen Irrtum auf Uncialbuchstaben zurückführen wollten. Sodann kann jedenfalls der Nominativ Φιλωνίδης mehr auffallen als das gewöhnliche διὰ Φιλωνίδου. Auch sagt der Biograph des Aristophanes (Dübner prolegg. p. XVII): φασὶ δὲ αὐτὸν εὐδοκιμῆσαι συκοφάντας καταλύσαντα· οὓς ὠνόμασεν ἠπιάλους ἐν Σφηξίν, was vielleicht eher für unsere Ansicht spricht, da an dieser Stelle Petersen selbst sagt, daß εὐδοκιμεῖν vom zweiten Preise gebraucht wurde.

Ebenso nimmt den Proagon für ein Stück des Philonides Lübke, Obss. crit. p. 50 und Oehmichen, Sitz.-Ber. S. 153 letzterer ohne Angabe näherer Gründe. Auch Leo, Rh. M. 33, 1878, 400—405 ist der gleichen Ansicht. Doch derselbe geht ziemlich willkürlich mit der Ueberlieferung um. Er behält zwar den Namen Philonides beidemale, wie er dasteht, bei, wirft aber ἐν πθ' ὀλ. aus und liest βηι für δεύτερος ἦν, dem er dann seinen Platz hinter ἐνίκα πρῶτος anweist. Dadurch glaubt er nun auf mechanischem Wege eine neue Thatsache gewonnen zu haben, nämlich, daß Aristophanes mit den Wespen den ersten Preis errang. Doch hatte dasselbe Resultat, wie wir eben sahen, auf einem ganz anderen Wege und auch wenigstens mit viel mehr Schonung gegen die Ueberlieferung Petersen schon 16 Jahre früher erreicht. Sachlich habe ich dem bereits Gesagten nichts weiter hinzuzufügen.

Eine andere Gruppe von Gelehrten nimmt zwei Stücke mit dem Titel Proagon an, eines von Philonides und eines von Aristophanes. So Hiller, Hermes 7, 1873, 404, der im Texte gar nichts ändert und den in der Didaskalie angeführten Proagon für eine Dichtung des Philonides hält,

---

[1]) f. auch Hiller, Hermes 7, 404.

während es auch noch ein anderes gleichnamiges Stück des Aristophanes gegeben habe. — Dagegen U. v. Wilamowitz-Möllendorff, Analecta Euripidea p. 153 Anm. 4. hält es für wahrscheinlicher, daß von den beiden der des Aristophanes hier gemeint sei und ihm schließt sich auch Kock, Com. Att. fgt. I, 510 an.

Endlich gibt es mehrere die, gleich mir, nur einen Proagon, den des Aristophanes annehmen, der also zugleich mit den Wespen gegeben wurde. So W. Teuffel, Philol. 7, 1852, 352 und Ar. Nub., 1863, praef. p. 9. beidemale ohne nähere Begründung.[1]) Desgleichen auch Madvig S. 470. — Ranke, Ar. vit. p. 229 nimmt an, daß Aristophanes die Wespen selbst aufführte, — muß also wohl διὰ Φ. streichen —, während Philonides für ihn den Proagon brachte. Er scheint also auch nur ein Stück dieses Namens anzuerkennen. Ebenso glaubt Briel S. 49—56, daß διὰ Φ. unhaltbar sei, denn auch er meint, daß ein Dichter nicht zwei Chöre bekam — vielmehr nicht verlangte, wie ich oben ausgesprochen habe. Auch glaubt er, wie Ranke, daß die Parabase, wo der Dichter von sich selbst spreche, deutlich beweise, daß Aristophanes die Wolken aufgeführt habe. Doch ist dieser Grund nicht zutreffend. Denn wenn derselbe die Wespen dem Philonides gab, so konnte es doch wohl, nachdem ja eine ziemlich lange Zeit zur Einübung der Choreuten nötig war, kein Geheimnis bleiben, wer der eigentliche Dichter war, und verstand man bei der Aufführung recht gut, wer in der Parabase und vv. 1284 ff. gemeint sei.[2])

Endlich hält auch J. Richter, Vesp. prolegg. p. 26 ff. den Proagon für ein Aristophanisches Stück. Doch entwickelt derselbe dort eine ganz eigentümliche Ansicht. Er meint nämlich, daß es zu allererst geheißen habe: Ἐδιδάχθη ἐπὶ ἄρχοντος Ἀμεινίου διὰ Φιλωνίδου ἐν ἄστει; dazu habe einer nach Art der Graeculi gesetzt: ἐν τῇ πθ' ὀλυμπιάδι ἔτει β'; aus diesem sei dann das korrupte πόλει entstanden und dieses πόλει habe endlich das ἄστει verdrängt, weil der, welcher es auswarf, seine Bedeutung nicht verstanden habe; mit εἰς Λήναια beginne sodann eine zweite Didaskalie, nämlich die des Proagon. Es sind also hier nach seiner Meinung zwei Didaskalien konfundiert worden, weil er durchaus nicht glauben will, daß ein und derselbe Dichter oder Regisseur

---

[1]) Dagegen scheint er in Pauly, Realencyclopädie, 2. Aufl. v. J. 1866, I, 2, 162, u. „Aristophanes" eher den Philonides als Verfasser des Stückes zu betrachten.

[2]) Hiezu vgl. Christ, Lit. S. 223. Anm. 1.

für ein Fest zwei Chöre erhalten habe. Das Beispiel des Diodor von der mittleren Komödie¹) will er für die Aristophanische Zeit nicht gelten lassen, was ich ihm auch zugeben will. Doch durch meinen obigen Vorschlag wird die Sache wesentlich anders. Aber fragen wir: Wie sollen wir uns die von ihm angenommene Konfundierung entstanden denken? Sollte die Didaskalie des verlorenen Proagon noch existiert haben zur Zeit, wo unsere Scholien in gegenwärtige Fassung gebracht wurden, während von derjenigen der erhaltenen Wespen nur der Name des Aristophanes, seines Regisseurs und des Festes der großen Dionysien (ἐν ἄστει wie N. meint) übrig wäre? Das ist höchst unwahrscheinlich. Ferner sind die Didaskalien zu den Stücken des Aristophanes, soweit wir sie überhaupt noch haben, so vollständig, daß wir nicht annehmen dürfen, daß diese aus zweien zusammengesetzt worden sei, von denen man doch keine vollständig erkennen kann. Und wenn der Verfasser unserer Hypothesis in seiner Quelle Aristoteles für die Lenäen unter Ameinias eine Didaskalie des Proagon vorfand, was sollte ihn veranlaßt haben, auch diese ganze Didaskalie den Wespen voranzusetzen? Wollte er sie nicht übergehen, so hätte ihm eine Erwähnung in kürzerer Form sicher genügt, wie z. B. die für Amphiaraos in Av. hyp. II. Auch beweist Vesp. v. 60, den Richter anführt, nichts, denn der Dichter hat ja auch in den Acharnern den Euripides mitgenommen²); ebensowenig v. 264, denn die im Stücke gedachte Zeit muß mit der Aufführungszeit nicht übereinstimmen. Endlich ist an Richters Erklärung von dem heutigen Thatbestand unserer Didaskalie schon von vornherein das zu bezweifeln, daß einer, der ἐν πόλει und ἐν ἄστει fand, das gewöhnliche ἐν ἄστει ausgeworfen und ersteres beibehalten hätte.

Ganz eigenartig ist auch die Ansicht, welche Böckh in CIG S. 351 und schon in seinen ges. kl. Schr. V. S. 93 entwickelte. Er betrachtet nämlich die Olympiaden- und Jahresangabe für Einschiebsel eines Späteren, streicht sodann (CIG) auch Προάγωνι und liest: „Ἐδιδ. ἐπὶ ἀρχ. Ἀμ. [ἐν τῇ πθ′ ὀλ. ἔτ. β′] διὰ Φ. εἰς Λην. καὶ ἐνίκα πρῶτος Φιλωνίδης..... δεύτερος. Γλαύκων Πρέσβ. τρίτος. Abgesehen aber von den erwähnten Aenderungen, wobei also der Proagon, der doch als ein Stück der alten Komödie, gleichviel ob des Aristophanes oder Philonides verbürgt

---

¹) CIG I, Nr. 231 und CIA II, 2, Nr. 972.
²) Ueberhaupt dürfte der Beweis dafür, ob der Proagon vor oder nach den Wespen über die Bühne ging, schwer zu erbringen sein. Muhl S. 40 nimmt an, daß es als erstes von den 3 Konkurrenzstücken aufgeführt wurde.

ist, ganz gestrichen wird, auch noch den Leukon, der uns auch als Gegner des Aristophanes in Pac. hyp. I. genannt wird, zu beseitigen und den sonst nicht bekannten Glaukon einzuführen, ist doch mehr als gewagt.

Aus diesen so verschiedenartigen Ansichten sieht man, welche Unsicherheit bisher über unsere Didaskalie herrschte. Ob es nun mir gelungen ist, einigermaßen Klarheit hineinzubringen, muß ich dem Urteile der Leser überlassen. Immerhin aber dürfte meine Vermutung ein gewisses Maß von Wahrscheinlichkeit beanspruchen können.

Es erübrigt mir noch von dem der Didaskalie vorangehenden Teile (Dübner Z. 30—35) zu sprechen.

Derselbe ist zwar jünger als die Didaskalie, stammt aber gewiß noch aus alter und zwar aus alexandrinischer Zeit. Denn er enthält Punkte, wie wir sie auch schon in den Tragiker-Hypotheseis fanden, die auf Aristophanes Byz. zurückgehen.

Im ersten Satze τοῦτο δὲ τὸ δρ. .... τὸ ὅλον erkennen wir unschwer das, was in den trag. Hyp. mehrfach bezeichnet wird mit παρ' οὐδετέρῳ κεῖται ἡ μυθοποιία; es war also der Stoff des Stückes ein πλάσμα[1]). Ferner enthielt διαβάλλει κτλ. den σκοπός und διὰ τοῦτο τοὺς δικαστάς... den Chor, der deutlicher und in der gewöhnlichen Form bezeichnet ist in Z. 9. ἐξ ὧν καὶ ὁ χορὸς συνέστηκε καὶ τὸ δρᾶμα ἐπιγέγραπται, weshalb ich glaube, daß dieser Satz aus unserem älteren Teile herausgezogen und in die neuere Erzählung aufgenommen wurde. Aber auch das ästhetische Urteil des Altertums wird uns mitgeteilt πεποίηται χαριέντως. Daß dieses, wie die übrigen schon behandelten, inhaltlich nicht verschieden ist von den tragischen, wird man gewiß zugeben müssen; nur die Form ist nicht ganz die gleiche, wir würden erwarten τῶν χ. πεποιημένων. Leo a. a. O. findet es albern, da er überhaupt eine Aehnlichkeit der tragischen und komischen Urteile nicht anerkennen will. Aber, wie erwähnt, vermag ich keinen Unterschied zu finden.[2])

Was wir in unserer Hypothesis von den gewöhnlichen Punkten vermissen, ist die Angabe über den προλογίζων. Allein da dieselbe sich in schol. v. 1 findet, wo sie notwendiger ist als hier, so mag sie eben dorthin versetzt worden sein. Auch ist von der Scene nichts gesagt, was aber leicht jederzeit ergänzt werden konnte.

---

[1]) s. Christ, Lit. S. 238 Anm. 3.
[2]) Zur Form vgl. schol. Vesp. v. 2. χαριεντιζόμενος.

Dagegen sind die vorhandenen Punkte gerade die wichtigsten, weil aus dem Altertum stammend, deren Verlust wir nur bedauern würden.

§. 10.
Pac. hyp. I[1])

Von dieser Hypothesis erkennen wir wieder den ersten Teil, die weitläufige Erzählung vom Gange der Handlung, Z. 1—35b, als sehr jung, weshalb wir uns sogleich zum zweiten Teile wenden.

Von diesem zweiten älteren Teile ist wieder am wichtigsten die Didaskalie, Z. 11b—13b, weil sie in die früheste Zeit zurückgeht und einige Eigentümlichkeiten bietet.

Vor allem fällt uns auf ἐνίκησε . . . . . ὁ ποιητής, während gleich darauf Aristophanes der zweite genannt wird. Damit wird nun, wie es scheint, mein in § 8 geführter Beweis, daß νικᾶν immer nur vom ersten gebraucht wurde, hinfällig. Sollen wir darin eine Nachlässigkeit der Scholienredaktoren erblicken, wie Madvig glaubt? In gewissem Sinne allerdings, denn ich glaube, daß hier ursprünglich ein anderes Verbum stand. Man könnte an εὐδοκίμησε denken, was ja, wie durch die früher (§ 8) angeführte Stelle schol. Nub. v. 529 belegt ist, ein sehr häufig gebrauchter Ausdruck für den zweiten Platz war. Auch in Eur. Or. hyp. und Soph. Ant. hyp. kommt derselbe Ausdruck vor und muß man annehmen, daß auch diese beiden den zweiten Platz erhielten.[2])

Doch habe ich dagegen Bedenken. Bei einer solchen Annahme würde der Erfolg zweimal bezeichnet werden, was kaum wahrscheinlich ist. Auch liegt die Form εὐδοκίμησε doch zu weit von ἐνίκησε, als daß man denken könnte, letzteres sei aus ersterem entstanden. Uebrigens ist auch schon der Aorist auffällig, da sonst überall die stehende Formel ἐνίκα ist. Das mochte vielleicht der Redaktor unserer Hypothesis auch gewußt haben, scheint aber eine dem ähnliche Form vorgefunden und daraus eben ἐνίκησε gemacht zu haben. Ich glaube nämlich, daß es ursprünglich hieß: ἐνίησι τὸ

---

[1]) V; fehlt in R. — Dübner, 169, 1a—13b.

[2]) Daß Sophokles mit der Antigone der erste wurde, steht eben nirgends. Ja gerade in der außergewöhnlichen Auszeichnung des Dichters durch die Strategie bei Samos, liegt nichts anderes, als daß man ihn hiedurch entschädigen wollte dafür, daß sein Stück, trotzdem es sehr hohe Vorzüge hatte, nicht mit dem eigentlichen Preise bedacht worden war. Auch Bergk, Lit. III, 415 wollte schon in der Didaskalie aus λέλεκται δὲ τὸ δρᾶμα τοῦτο τριακοστὸν δεύτερον machen: . . . . . τριακοστόν· δεύτερος ἦν, was ich indes nicht für nötig halte.

δρᾶμα, woraus ἐνίκησε wurde, infolge dessen natürlich auch in τῷ δράμάτι geändert werden mußte. Daß ἐνίησι statt καθίησι ungewöhnlich ist, muß freilich zugegeben werden, aber gewiß ist es nicht unpassend, denn es bezeichnet eben auch: „in den Kampf lassen", und ein ἀγών war es ja, wenn von 3 Dichtern Komödien aufgeführt und von Agonotheten der beste bestimmt und als Sieger erklärt wurde.

Mehr Schwierigkeiten macht der letzte Satz: τὸ δὲ δρᾶμα ὑπεκρίνατο Ἀπολλόδωρος, ηνικαερμηνλοιοκροτης.

Briel S. 57, Anm. 1 verzweifelt ganz an der Heilbarkeit der Stelle, ja man könne überhaupt, meint er, den Sinn derselben nicht erraten. Mir scheint indessen doch soviel sicher zu sein, daß im letzten Teile ὑποκριτής enthalten ist. Daß kurz vorher der Schauspieler Apollodor genannt ist, mag uns auffallen, weil wir in keiner anderen der in den Hypothesis erhaltenen Didaskalien einen Schauspieler erwähnt finden. Dagegen waren in den inschriftlichen Didaskalien solche genannt, s. CIA II, 2, Nr. 971— 976. Nun frägt es sich aber, ob die darauffolgenden Worte mit den vorausgehenden zusammenhängen und sich auf Apollodor beziehen oder etwas ganz Neues bringen. Für das erste war Dindorf, indem er schrieb, ἡνίκ' ἔτ' ἦν ὑποκριτής. Dieser Vorschlag ist gewiß plausibel. Denn an und für sich war es etwas ganz Gewöhnliches, daß die Dichter auch Schauspieler waren: ich verweise auf Aischylos, Kallistratos, Philonides u. s. w. Jedoch der Name macht Schwierigkeit. Denn wir kennen zwar einen Apolloboros aus Karystos, von dem noch Fragmente erhalten sind, s. Kock, Com. Att. fragm. III 280—295, allein dieser gehört der neuen Komödie an und blühte um Ol. 120—130. Von einem anderen älteren Apolloboros aus Gela berichtet uns Suidas, daß er ein Zeitgenosse des Menander war, also etwa um die zweite Hälfte des 4. Jahrh. v. Chr. gelebt habe; darum kann es auch dieser nicht sein. Von einem andern dieses Namens aber, der zur Zeit des Aristophanes Schauspieler und dann Dichter gewesen wäre, wissen wir nichts: also verliert jene Vermutung Dindorfs sehr an Wahrscheinlichkeit. Wolfg. Helbig, Analecta Aristophanea III in J. J. 83, 1861, 538 und 539 schlägt vor: ὑπεκρίνετο Ἀπολλόδωρος. ἐνίκα. ἑρμῆν Λεωκράτης. Gegen die Aenderung ὑπεκρίνετο kann ich nichts einwenden, da es die offiziell beglaubigte Form ist, und noch weniger, wenn nach meinem Vorschlage das vorausgehende ἐνίκησε verschwindet. Ἐνίκα soll ferner bezeichnen, daß der Schauspieler Apollodor gesiegt habe. Wir haben nun zwar kein anderes Beispiel dafür, daß der Name eines Schauspielers in den Didaskalien der Hypotheseis verzeichnet ist, immerhin aber wäre es möglich. Denn bei den tragischen Schauspielern gab es schon Wettkämpfe seit 457 oder 456, also werden sie wohl bei den komischen auch nicht so lange ausgeblieben sein. Oehmichen, Sitz.-Ber. S. 158 gibt sie auch zu, aber vorläufig, solange nicht sichere Beweise erbracht würden, nur für die Lenäen (die übrigens auch nicht bezeugt sind). Dagegen will er die Wettkämpfe der tragischen Schauspieler nur für die großen Dionysien gelten lassen. So. überzeugend ist indessen diese Aufstellung nicht, sie entbehrt eben noch eines Zeugnisses aus dem Altertum. — Ein größeres Bedenken ist für mich der Umstand, daß bei Helbigs Aenderung ἐνίκα gar zu sehr nachhinkt. Man würde doch eine mittelst καί hergestellte Verbindung mit dem vorausgehenden ὑπεκρίνετο erwarten. Noch mehr würde dann dabei die Erwähnung des Deuteragonisten (ἑρμῆν Λεωκράτης) auffallen. Woher sollte dieser stammen? In den Urkunden stand er gewiß nicht, und woher hätte ihn Aristoteles dann erfahren? Und ein Späterer konnte ihn noch weniger gewußt haben. Dazu kommt ferner, daß wir einen Leokrates als Schauspieler sonst nirgends erwähnt finden. Darum ist diese Vermutung Helbigs äußerst unwahrscheinlich.[1])

Jul. Richter machte nun in seiner Wespenausgabe prolegg. p. 25 zweierlei Vorschläge, nachdem er sich die alte Friedensbidaskalie rekonstruiert hatte, worin er freilich unsere ganze Ueberlieferung umstürzte und den Anstoß des ἐνίκησε beseitigte, indem er den Aristophanes zum ersten, den Eupolis zum zweiten und den Leukon zum dritten machte. Er meinte nämlich in erster Linie, es sei zu lesen: ἐνίκα Εἰρήνῃ Λεωκράτης. Hiegegen bleibt aber das eben erwähnte Bedenken wegen des unbekannten Leokrates bestehen. Aber auch sachlich ist diese Lesart anstößig. Diese Formel wird wohl vom Dichter und Didaskalos gebraucht, aber nicht vom Schauspieler. Bei diesem wurde, wenn er angeführt wurde, nur der Name genannt, was uns die schon mehrfach erwähnten Inschriften bezeugen. — Der zweite Vorschlag Richters ist sodann ἡνίκα Εἰρήνην Λεωκράτης, wo also die Ueberlieferung beibehalten wird und dem Aristophanes mit seinem Schauspieler der zweite Platz gewahrt bleibt. Hiegegen ist zu bemerken, daß abgesehen von dem immer noch unbekannten Leokrates der Satz in dieser Form keinen klaren Sinn gibt. Denn was für ein Verbum soll da zu ergänzen sein? Ἐνίκα paßt zur Konstruktion nicht, und ὑπεκρίνετο ist nicht möglich, weil soeben Apollodor als Schauspieler genannt worden

---

[1]) Den Deuteragonisten hatte übrigens schon Ranke, Ar. vit. p. 215 darin zu finden geglaubt.

ist. Denn diesen auf einen der beiden anderen Konkurrenten zu beziehen, wäre reine Willkür. — Doch Richter hat auch noch einen dritten Vorschlag. In der 2 Jahre später (1860) erschienenen Ausgabe des „Friedens" prolegg. S. 1 schlägt er vor: ἐνίκα Εἰρήνῃ β' Λεωκράτης, so daß also der Dichter mit dem ersten Frieden den zweiten, mit dem zweiten den ersten Platz errungen und also jedenfalls das spätere Stück einem gewissen Leokrates zur Aufführung gegeben hätte. Ist das letztere schon an und für sich unwahrscheinlich, da er bisher zwei andere, den Kallistratos und Philonides, hatte und gewiß auch für dieses Stück einen dieser beiden bekommen hätte, und ist es uns auch sonst durch keine Nachricht aus dem Altertum bezeugt, was wir doch erwarten dürften: so ist die Sache auch schon dadurch verdächtig, daß wir Richter schon bei den Wespen als einen Mann kennen lernten, der gerne Konfundierungen von Didaskalien wittert. Auch müßten wir wiederum fragen, wie sich vom zweiten Frieden, von dem wir außer wenigen Versen (s. Kock, Com. Att. fragm. I, 467—469) gar nichts wissen, die didaskalische Notiz erhalten haben sollte.

Die ansprechendste Verbesserung hat V. Rose, Aristot. pseudep. S. 554, wo er nämlich ἐνίκα Ἕρμων ὁ ὑποκριτής schreibt und dafür Poll. 4, 88 citiert: Ἕρμων ἦν κωμῳδίας ὑποκριτής, desgleichen schol. Nub. v. 542 τοῦτο εἰς Ἕρμωνα λέγει τὸν ὑποκριτήν, so daß also damit auch der siegende Schauspieler verzeichnet wäre, was, wie ich schon oben bemerkte, zwar nicht durch ein anderes didaskalisches Beispiel einer Hypothesis belegt werden kann, aber gewiß möglich und nicht unwahrscheinlich ist. Dieser Hermon müßte der Protagonist eines der beiden anderen Dichter Eupolis oder Leukon gewesen sein.[1]) Für unseren Zweck ist dies gleichgiltig. Roses Konjektur hat jedenfalls die größte Wahrscheinlichkeit und wird jetzt so ziemlich allgemein angenommen. Dabei ist sie auch der Ueberlieferung am angemessensten, denn aus ερμην ist am leichtesten ἕρμων zu machen, der außerdem als ein durch obige Stellen gestützter Schauspieler gewiß den Vorzug verdient vor einem sonst nicht bezeugten Leokrates. Ob man aber mit Rhode, Rh. M. 38, 1883, 285 vermuten darf, daß vielleicht in diesem Jahre der Schauspielerwettkampf für die Komödie eingeführt wurde, möchte ich bezweifeln.

Doch wenden wir uns endlich zu dem Anfang des von mir als älter bezeichneten Teiles unserer Hypothese.

---

[1]) Müller, Bühnenaltert. S. 188 Anm. 3 zieht aus obigem Scholion zu Nub. v. 542 sogar die Folgerung, daß er der des Eupolis gewesen sei. Möglich ist dies, aber ein sicherer Beweis wird sich kaum dafür finden lassen.

Der erste Satz ist ein ästhetisches Urteil, wie wir ähnliche schon mehrere hatten, über deren Alter und Verfasser ich schon früher (S. 41 ff.) gesprochen habe. Es lautet: τῶν ἄγαν ἐπιτετευγμένων und bezeichnet also: „Das Stück gehört zu den treffendsten, gelungensten, dem Zweck am meisten entsprechenden)", und reiht sich nach Form und Inhalt genau jenen an, und stammt deshalb wohl aus der gleichen Quelle.

Hierauf folgt das κεφάλαιον, bei der Komödie sonst σκοπός genannt: συμβουλεύει Ἀθηναίοις σπείσασθαι πρὸς Λακεδαιμονίους καὶ τοὺς ἄλλους Ἕλληνας. Auch dieses trägt durch seine kurze gemessene Sprache unverkennbar den Charakter frühen Altertums an sich, wie wir das auch schon bei den Acharnern und Wespen kennen gelernt haben.

Was nun zwischen dem κεφ. und der Didaskalie steht: οὐ τοῦτο — ἐδίδασκον (Dübner S. 169, Z. 39a—9b) ist nur die Erweiterung eines alten Kerns[2]) und enthielt die Behandlung des gleichen Stoffes durch Aristophanes selbst oder andere Dichter, also κεῖται ἡ μυθοποιΐα ..., das wir als stehende Rubrik bei Arist. Byz. kennen lernten. Aber dieser alte Kern umfaßte gewiß nicht mehr als οὐ τοῦτο δὲ μόνον ὑπὲρ τῆς εἰρήνης Ἀριστοφάνης τὸ δρᾶμα καθῆκεν und dann noch οὐ μόνος δὲ περὶ εἰρήνης συνεβούλευσεν, ἀλλὰ καὶ ἄλλοι πολλοὶ ποιηταί. Ja selbst daran dürfte wohl die Form nicht mehr die ursprüngliche sein. Das übrige dagegen verrät ganz sicher eine spätere Hand durch seine größere Ausdehnung, besonders aber der Satz οὐδὲν γὰρ συμβούλων durch seinen, gelinde gesagt, überflüssigen Inhalt.

Statt des ἐπιτετευγμένων vermutete Dindorf ἐπιτετηδευμένων. Allein eine solche Aenderung ist nicht notwendig, da, wie wir sehen, der Sinn des Wortes klar und passend ist. Aus Ἀχαρνεῖς muß dem darauffolgenden Ἱππέας gleichförmig Ἀχαρνέας gemacht werden. Endlich ist Dindorfs Verbesserung von τέθεικεν in Z. 40, wie sie Ven. bietet, in καθῆκεν vollkommen sicher, da dieses das Wort ist, das von der Aufführung eines Stückes regelmäßig gebraucht wird und auch das Perfekt statt des Aorists schon Anstoß erregt.

Haben wir so gesehen, daß in diesem näher betrachteten Teile der eigentliche Kern alt ist, indem er uns durch seine planmäßige den tragischen Hypotheseis ähnliche Anlage auf Aristophanes Byz. zurückweist, so zeigte uns doch auch die Form, daß wir nicht mehr das Original vor uns ha-

---

[1]) Ebenso ist gebraucht ἐπιτετευγμένως bei Diog. Laert. 2, 42.
[2]) Aehnlich wie Equ. hyp. II.

ben, sondern ein Späterer manches, was ihm unwichtig erschien, oder was sich aus dem Stücke selbst ergibt, wegließ, wie die Bemerkung über χορός, σκηνή und προλογίζων, um Platz für die eigenen Zusätze und Erweiterungen zu gewinnen. Wer aber mag dieser gewesen sein?

In Z. 1 b lesen wir, daß unser Dichter auch in den Ὀλκάδες den gleichen Stoff behandelt hat. Daraus folgt, daß der Verfasser auch diese noch gekannt hat. O. Schneider de font. hat mit großem Scharfsinn nachgewiesen, daß die alten Scholiasten aus einem Kommentar schöpften, der älter war als sie selbst, und von ihnen öfter erwähnt wird unter der Bezeichnung ὑπόμνημα oder ὑπομνηματισμός, sowie daß derselbe sich nicht bloß auf die 11 erhaltenen, sondern auch auf zwei der verlorenen, die Danaiden und Holkaden, erstreckte, und daß der Verfasser desselben Symmachos gewesen ist.¹) Wenn wir nun auch die in subscr. Pac. et. Nub. erwähnten Phaeinos und ἄλλοι τινές nicht so ignorieren dürfen, wie Schneider es thut, so müssen wir anderseits doch wieder zugeben, daß Symmachos vorzugsweise von den Scholiasten benützt wurde. Da aber nach diesem niemand die Holkaden kannte,²) so glaube ich nicht zu irren, wenn ich annehme, daß Symmachos der Verfasser dieses Teiles der Hypothesis in seiner jetzigen Gestalt ist, den derjenige, welcher unsere Scholien zusammenstellte, aus dessen Kommentar nahm.³) Daß er freilich unter den Händen des letzteren teils Kürzungen teils Erweiterungen (z. B. οὐδὲν γὰρ συμβούλων . . .) erfuhr, ist nicht ausgeschlossen, ja sogar sehr wahrscheinlich.

§ 11.

Pac. hyp. II.⁴)

Der erste Teil dieser Hypothesis bis Βελλεροφόντου δίκην enthält eine Erzählung der Handlung, die zwar weit kürzer als die in hyp. I, aber so unvollständig ist, daß sie nicht einmal recht über den Anfang hinauskommt, aber dennoch ist das Vorhandene so breit angelegt, daß wir es in eine Linie mit jenen Erzählungen, die wir schon zu andern Stücken kennen lernten, stellen und einer späten Zeit zuweisen müssen.

---

¹) S. schol. Ar. Av. v. 1283.
²) Was ich von den durch Athenaios, Photios u. f. w. überlieferten Fragmenten halte, sagte ich bereits S. 33.
³) Ueber des Symmachos Quellen selbst s. S. 34.
⁴) R. u. V. — Dübner, 169, 14 b — 32 b.

Dagegen trägt der zweite Teil unverkennbare Spuren des Altertums, wiewohl auch die Thätigkeit eines Späteren daran zu erkennen ist.

So werden darin besprochen die προλογίζοντες, die σκηνή und der χορός. Gewiß ist der Zusatz οἷς — αἰτίοις jüngeren Ursprungs. Diese drei Punkte, die wir in den Hypothesis des Aristophanes Byz. regelmäßig finden, sind gewiß auch aus einer alten von diesem Gelehrten verfaßten Hypothesis genommen. Auch Leo, Rh. M. 33 S. 406 mußte die Aehnlichkeit anerkennen, indem er sagt: „Ganz nach dem Schema der tragischen ὑποθ. klingt Pac. arg. II προλογ. — γεωργ.", wollte aber die Folgerung daraus nicht ziehen. Der oben angedeutete spätere Zusatz darf uns doch gewiß nicht an dieser Ansicht irre machen.

Merkwürdig ist nun aber auch noch, daß dies gerade die drei Punkte sind, die wir in hyp. I vermißten, so daß sie uns also zu derselben die Ergänzung liefern. Darum möchte ich auch noch den weiteren Schluß ziehen, daß die Verfasser beider Hypotheseis die gleiche Quelle benützten, aus denen der erste nur das literar-historisch Wichtige nahm, während der andere die noch übrigen Punkte beisetzte.

§. 12.
Pac. hyp. III.[2])

Zur Hereinziehung dieser Hypothesis in meine Untersuchungen bestimmten mich die beiden Citate aus alexandrinischer Zeit, die, wenn auch vielleicht nicht unmittelbar aus den Werken der beiden Gelehrten selbst geschöpft, doch gewiß auf Quellen zurückgehen, denen dieselben noch zugänglich waren.

Zuerst habe ich hinsichtlich des Textes zwei Punkte zu erörtern. Das erste Wort heißt bei R. φέρεται, bei V. φαίνεται. Daß hier R., der ohnehin die größere Autorität besitzt, das Richtige hat, ist jetzt allgemein angenommen; und zwar mit Recht; denn φέρειν ist das eigentliche von den Didaskalien gebrauchte Wort, so schol. Plut. v. 385, Nub. hyp. VII, schol. Ran. v. 67, 1028, schol. Nub. v. 552, schol. Pac. v. 1333, 1335, 1344, Dion. Hal. 11. p. 664, Anon. d. com. III. So lautet also der ganze Satz in der Ueberlieferung: Φέρεται ἐν ταῖς Διδασκαλίαις δεδιδαχὼς Εἰρήνην ὁμοίως ὁ Ἀριστοφάνης. Da hier offenbar etwas fehlt, so wollte Dindorf in ed. Ox. vol. III p. 5, 20 bessern, indem er ὁμωνύμως statt ὁμοίως schrieb und in ed. V. p. sc. Gr.

---
[1]) R. u. V. — Dübner, 168, 33 b—40 b.

δίς vor δεδιδαχώς einsetzte. Rogers änderte in seiner Ausgabe des Friedens, London 1866, p. XXXIV ὁμοίως in δίς, das, wie er glaubt, aus falscher Auflösung der Abkürzung μς des Wortes ὁμοίως entstanden ist. Doch möchte ich letzteres sehr bezweifeln. Außerdem scheint sie mir auch materiell nicht zu passen. Denn der Verfasser der Hypothesis will doch nur sagen, daß Aristophanes zwei Stücke mit dem Titel „der Friede", nicht aber daß er zweimal das nämliche gebracht habe. Auch mit Dindorfs Vermutung verhält es sich nicht anders. Darum möchte ich vorschlagen, nach Εἰρήνην das ähnlich lautende und wohl deshalb ausgefallene εἰργημένην einzuschalten, so daß also jetzt berichtet wird: „In den Didaskalien steht, daß Aristophanes noch ein Stück mit dem gleichen Titel „der Friede" aufführte." Der Verfasser der Hypothesis will dann nur sagen, daß Aristophanes zwei „Frieden" gedichtet habe, daß aber nur mehr einer erhalten sei, und läßt dies, sowie überhaupt nur die Unsicherheit der Frage, durch Eratosthenes und Krates belegen. Beide Citate aber umfassen den größten Teil der Hypothesis.

Eratosthenes[1]) ist also im Zweifel darüber, ob Aristophanes das nämliche Stück umgearbeitet wieder auf die Bühne brachte oder ein ganz anderes, aber mit dem gleichen Titel, dichtete, wie ja auch der erste und zweite Plutos zwei verschiedene Stücke waren. Denn daß mit ἀνεδίδαξε Eratosthenes nicht die unveränderte Wiederaufführung des ersten Friedens meinte, ist klar, da er doch wußte, daß dies nur geschah, wenn besondere Gründe vorlagen (wie bei den Fröschen).

Das Citat des Krates — jedenfalls des Pergameners aus Mallos — ist zu kurz, als daß man auf den Inhalt des Satzes schließen könnte. Aber immerhin sagt es uns, daß Krates zwei „Frieden" gekannt hat. Nun entsteht aber die Frage: Wie konnte denn Krates eine zweite so betitelte Komödie kennen, während Eratosthenes, der doch 80 bis 100 Jahre früher lebte, dieselbe nicht gesehen hat? Sollte etwa sich eine Abschrift der einen, verlorenen, nach Pergamum in die dortige Bibliothek gerettet haben, welche den Alexandrinern nicht zu Gesicht gekommen wäre? Dies ist kaum denkbar. Nachdem die Ptolemäer soviel Geld für Erwerbung der Schätze der hellenischen Literatur verwendeten, hätten sicher ihre gelehrten Bibliothekare auch ein Exemplar dieses Stückes aufzutreiben vermocht. Allein ich denke, es läßt sich die Schwierigkeit auf anderem Wege

---

[1]) Wir dürfen als sicher annehmen, daß die Stelle aus seinem Werke π. κωμ. genommen ist.

lösen. F. V. Fritzsche hat nämlich in seiner Schrift de Daetalensibus p. 131 die Ansicht ausgesprochen, daß die Γεωργοί des Aristophanes nichts anders gewesen seien, als eine zweite Ausgabe des Friedens, den wir noch haben.[1]) Es scheint mir also, daß dieses Stück, unter den beiden Titeln Εἰρήνη und Γεωργοί geführt wurde, und daß Eratosthenes nur den letzteren, Krates dagegen nur den ersteren oder vielleicht beide kannte. So konnte also Eratosthenes im Zweifel sein, was dieser in den Didaskalien aufgeführte andere Friede für ein Stück sei, während Krates beide kannte. Der Versuch Dindorfs (p. sc. Gr. Ar. p. 205), die sämtlichen auf unsere Zeit gekommenen Fragmente aus dem zweiten Frieden als unecht darzustellen, weil er überhaupt eine zweite Bearbeitung des Friedens nicht annehmen will, erscheint mir also gewaltthätig. Selbst wenn er damit Recht hätte, diese Fragmente zurückzuweisen, so wäre immer noch nicht dargethan, daß eine zweite Ausgabe des Stückes überhaupt nicht existierte. Denn wenn auch Eustathios, Pollux u. s. w. uns wider Willen im guten Glauben getäuscht hätten, so ist damit noch nicht ausgeschlossen, ja vielmehr wahrscheinlich, daß unser Verfasser mit παρατίθεται noch andere Verse meinte, die nicht auf uns gekommen sind. Was Krates indessen selbst über diese Frage dachte, läßt sich aus den wenigen Worten nicht herauslesen.

Der letzte Satz: ἅπερ ἐν τῇ νῦν φερομένῃ οὐκ ἔστιν führt uns auf die Frage nach dem Verfasser dieser Hypothesis. Zur Beantwortung dieser Frage steht uns nur so wenig zu Gebote, daß ich wohl auf Nachsicht hoffen darf, wenn ich nur eine Vermutung auszusprechen genötigt bin.

Ich halte nämlich dafür, daß Symmachos der Verfasser unserer Hypothesis ist (die uns übrigens, wie es scheint, auch nur in ziemlich verkürztem Zustande erhalten ist). Derselbe hat nämlich aus den besten Quellen — wenn auch vielleicht nur indirekt — geschöpft. Es sind die Didas-

---

[1]) Jos. Stanger, Ueber Umarbeitung einiger Aristophanischer Komödien, Leipzig, Teubner 1870, S. 43 ff. stimmt ihm hierin bei, nur betrachtet er umgekehrt den vorhandenen Frieden als die zweite Bearbeitung, versetzt mit Bestandteilen des ersten, der vielleicht das Stück Γεωργοί war. (Es folgen nähere Gründe hiefür, sowie für die mutmaßliche Aufführungszeit der ersten Bearbeitung i. J. 422). Ranke dagegen, der das erhaltene Stück noch für die erste Ausgabe hält, meint Ar. vit. p. 282, Eratosthenes hätte den Zweifel gar nicht haben sollen, sondern den zweiten Frieden für ein ganz neues Stück betrachten müssen, da Aristophanes nach der Didaskalie der zweite geworden, also immerhin einen Achtungserfolg errungen und so keinen Grund gehabt habe, die Komödie umzuarbeiten.

talien des Aristoteles, Eratosthenes περὶ κωμῳδίας und Krates, und zwar vielleicht sein Werk περὶ Ἀττικῆς διαλέκτου, welches später fleißig benützt wurde. Auch Symmachos führt, wenn er sich auf Frühere zu berufen Veranlassung hat, meist höchst gewichtige und alte an, so im Scholion zu Equ. v. 963 Eratosthenes, Av. v. 303 Kallimachos, Av. v. 440 Kallistratos,¹) Av. v. 1379 Euphronios, der wenigstens sicher älter als Didymos ist. Auf letzteren selbst beruft er sich äußerst oft und an den meisten Stellen wird er im Verein mit ihm angeführt, doch hierüber s. u. ²) Ferner liebt es Symmachos, wie unser Verfasser, wörtlich zu citieren, so schol. Equ. v. 84 aus Sophokles' Ἑλένης ἀπαίτησις, Equ. v. 963 aus Aristophanes' Γεωργοί, A. v. 302 aus Hermippos, Av. v. 363 aus Phrynichos' Μονότροπος, Av. v. 988 aus desselben Κρόνος und Ameipsias' Κόννος, Av. v. 1121 aus Pindar, Av. v. 1283 aus Nikophons Ἀφροδίτης Γοναί, Av. v. 1294 aus Pherekrates' Ἄγριοι und Kratinos' Δηλιάδες.³)

Ferner drückt sich Symmachos zwar in Worterklärungen bestimmt aus, vorsichtiger dagegen in sachlichen Erläuterungen, indem er, wie schon Schneider, d. font. § 33 bemerkte, meist die Formeln φαίνεται, δοκεῖ, ἔοικε, οὐκ οἶδα, οὐκ ἔστι σαφές, ἄδηλον, ἀδιανόητον, εἴη ἄν, οὐκ ἀνάγκη, οὐκ ἀναγκαῖόν ἐστι, στοχάζεται μόνον gebraucht.⁴) Nach obigem darf man vielleicht auch den zweiten Teil von Equ. hyp. II dem Symmachos zuweisen.

Auch in unserer Hypothesis ist die Sprache so unbestimmt, daß die Ansicht des Verfassers selbst kaum erraten werden kann; ja auch die beiden Citate scheint er nur deshalb anzuführen, um seine eigene Unsicherheit zu rechtfertigen, und aus παρατίθεται ist kaum ein sicheres Urteil

---

¹) Auch ist wohl schol. Equ. v. 963 οὕτως ὁ Κράτης statt οὕτω Σωκράτης zu lesen, wie schon andere vermutet haben, vgl. Schmidt, Didymi Chalc. fragm. p. 60 Anm. 4.
²) Av. v. 1294 ein Kephisodemos, Av. v. 1297 ein Dionysios Zopyros, beide sonst nicht genannt.
³) Auch sonst führt er gerne Schriftsteller an, z. B. schol. Equ. v. 84 Herodot und Thukydides, Av. v. 1128 Homer, Av. v. 877 Eupolis' Δῆμοι und Κόλακες, Av. v. 988 Telekleides' Ἀμφικτύονες, Av. v. 1805 Homer und Av. v. 1283 Aristophanes Ὁλκάδες. Nur an zwei Stellen Av. v. 704 u. 1283 stehen Citate ohne Angabe des Autors.
⁴) Hiezu noch aus schol. Av. v. 1298: καὶ σαφὲς οὐδέν ἐστιν εὑρεῖν, und Av. v. 1379 τοῦτο οὐκ ἔστιν εὑρεῖν, Av. v. 1881 οὐκ ἔστιν ὁ τούτου νοῦς φανερός.

darüber zu gewinnen, ob er diese Verse für echt oder unecht hielt.¹) Weniger können wir aus der Form der Sprache ein Urteil fällen, da des Verfassers eigene Worte außer den beiden Citaten nur wenige sind. Indessen läßt sich vielleicht doch schol. Plut. v. 1011 zum Vergleiche heranziehen, wo nämlich Symmachos sagt καὶ τὰς μικρὰς δὲ θηλείας κτλ. also δέ in einem mit καί schon eingeleiteten Satze als viertes Wort steht. Ganz ähnlich heißt es in unserer Stelle καὶ σποράδην δέ τινα παρατίθεται.²)

Daß indessen Symmachos einerseits diese eben bezeichneten Eigentümlichkeiten von dem, der seine Vorlage und sein Vorbild zugleich war, von Didymos, hat, anderseits aber jene alten Autoritäten und Quellen, die er vielfach anführt, nicht selbst gesehen hat, sondern sie nach diesem citiert, haben schon Schmidt und Schauenburg nachgewiesen.

Damit aber bekommen wir auch die Erklärung für unser νῦν φερομένῃ. Wir dürfen also darin nicht die Zeit des Symmachos suchen, sondern können sicher auf die des Didymos zurückgehen, wo wohl der Literaturbestand auch für die spätere Zeit schon konsolidiert war. Ja, daß Didymos nicht mehr als seine Quellen, die Alexandriner, hatte, dürfte kaum einem Zweifel unterliegen, so daß wir wohl dieses νῦν φερ. von derselben Zeit verstehen dürfen wie jenes οὐ σώζεται in Ach. hyp. I (s. S. 45) nämlich von der alexandrinischen.

Haben wir so in dem Verfasser unserer Hypothesis einen Mann kennen gelernt, der allerdings erst im 3. Jahrh. n. Chr. lebte, so verdiente sie doch auch in diese Untersuchung hereingezogen zu werden, weil der Hauptbestandteil aus Citaten aus der alexandrinischen Zeit besteht, und weil Symmachos auf Didymos fußt, der selbst all sein Wissen bei den Gelehrten jener Periode geholt hat.

---

¹) Diese Eigentümlichkeit in der Ausdrucksweise des Symmachos scheint aber nun das φαίνεται des V. in der ersten Zeile zu rechtfertigen. Allein es ist dennoch φέρεται richtig, denn φαίνεται mit Particip würde ja gerade eine dreiste Behauptung enthalten, also: „offenbar hat Ar. aufgeführt", während es nach seiner Weise heißen müßte: „es scheint, daß Ar. aufgeführt hat."

²) Auch in Pac. hyp. I, als deren Verfasser ich oben unseren Symmachos vermutete, steht ähnlich οὐ τοῦτο δὲ μόνον . . . . (Dübner S. 169, Z. 38 a) und οὐ μόνος δέ (6 b).

§. 13.

Av. hyp. I.[1])

Diese Hypothesis bildet wie die meisten der schon behandelten ein buntes Gemisch von Notizen, die ihre Entstehung verschiedenen Zeiten verdanken, und zwar lassen sich wohl drei Teile unterscheiden.

Der älteste Teil ist sicher Z. 5—11 ὀνομάζονται — Μονοτρόπῳ. Was diesem vorausgeht, ist jünger, dagegen viel später, was ihm folgt. Deshalb beschäftigt uns hier nur jener älteste Teil, während die beiden anderen kurze Erledigung finden werden.

Dübner beginnt mit ἐδιδάχθη eine neue Zeile, es hat zwar diese Aeußerlichkeit weniger Bedeutung, aber dennoch scheint es mir nicht ganz angemessen zu sein. Denn beide Teile gehören zusammen und sind auch früher vereinigt gewesen. Das freilich muß zugegeben werden, daß ὀνομάζονται — πεποιημένων auf eine spätere Quelle zurückgeht als die Dibaskalie. Ueber diese selbst brauche ich wohl kein Wort weiter zu verlieren. Sie stammt — dafür bürgt uns schon ihre korrekte Form — aus den Didaskalien des Aristoteles, der sie so vollständig, als man es nur wünschen kann, uns überliefert hat, sicher nur mit den allerwenigsten Aenderungen, ganz nach den amtlichen Quellen bearbeitet. Das sehen wir besonders auch aus dem Satze: ὃς ἦν δεύτερος, wo also genau angegeben ist, daß Kallistratos' Name eingetragen war und also er es war, der den Erfolg des zweiten Platzes davontrug.

In den Worten ὀνομάζονται — πεποιημένων sind Teile einer Hypothesis nach dem Schema des Aristophanes Byz. enthalten und zwar zuerst der Name des προλογίζων, der hier nur durch die Variante gegeben ist: Εὐελπίδης, ὃς καὶ πρότερος ἄρχεται.[2]) Schon der Umstand, daß der Name der beiden erst so spät angegeben ist und nicht schon gleich am Anfang, spricht dafür, daß der vorhergehende Teil und dieser nicht gleichen Alters sind. Ferner werden wir bekannt gem acht mit dem Schauplatz der Handlung, der freilich nicht ganz richtig oder wenigstens nicht klar bezeichnet ist. Hierauf folgt das ästhetische Urteil, das sich durch seine Kürze und Richtigkeit den früher behandelten ebenbürtig anschließt; waren ja doch die Vögel durch die Großartigkeit der Erfindung und die Kunst der Durch-

---

[1]) R u. V. — Dübner, 209, 1—20 a.
[2]) Ueber Peisthetairos werde ich im nächsten Abschnitte sprechen.

führung nach dem Urteil aller Zeiten vielleicht das schönste Stück unseres Dichters, und das δυνατῶς πεπ. war ganz gerechtfertigt; es war ein Effektstück, gerade wie die Wolken, von welchen das gleiche gesagt wird in hyp. III τῶν πάνυ δυνατῶς πεποιημένων. — Darin aber, daß es blos das war, liegt vielleicht auch die Erklärung, weshalb ihm das athenische Richterkollegium nicht den Preis zuerkannte. Daß das Urteil den gleichen Verfasser hatte, wie die früheren, brauche ich wohl nicht zu wiederholen. Am Schluß der Didaskalie nach Μονοτρόπῳ bietet Ald. ἐστὶ δὲ λε′, also: „das Stück ist das 35te." Obgleich nun in unseren besten Handschriften diese Bemerkung nicht steht, so ist sie doch wichtig und geht gewiß auf ein hohes Altertum zurück. Denn diese Zahlen bildeten einen Bestandteil der Hypothesis, eine stehende Rubrik im alexandrinischen Schema. Das beweisen auch die Didaskalien zu den römischen Lustspielen des Plautus und Terenz. Dieselben sind, wie Fr. Ritschl, Rh. M. 1, 1842, 39 nebst den beiden dazu gehörigen Anmerkungen, dargethan hat, mutatis mutandis gefertigt nach dem Muster der alexandrinischen Didaskalien und haben 9 Rubriken. Die achte derselben ist immer die Nummer des Stückes.

Uebrigens ist unser Fall nicht vereinzelt. So steht auch Soph. Ant. hyp.: λέλεκται δὲ τὸ δρᾶμα τοῦτο τριακοστὸν δεύτερον, ebenso Eur. Alc.: τὸ δὲ δρᾶμα ἐποιήθη ιζ′.[1]) Auch Plut. hyp. III τὰ ὑπόλοιπα bedeutet eine bestimmte Reihenfolge, in der die Stücke aufeinander folgten. Daß diese Zahlen nicht in mehreren Hypotheseis vorhanden sind, liegt wohl hauptsächlich daran, daß auch diese Notizen das gleiche Schicksal hatten wie die übrigen, daß sie nämlich nur gerettet wurden oder verloren gingen, je nachdem sie einem der späteren Bearbeiter oder Redaktoren wichtig oder unwichtig erschienen. Aber es scheinen auch die Späteren gerade sie am wenigsten verstanden und gewürdigt und deshalb auch weggelassen zu haben.

L. Schmidt, symb. phil. Bonn. I, 246, meint die Zahl (in der Antigone-Hypothesis) sei ohne Bedeutung, „indem weder das zu grunde liegende Zählungsprinzip feststehe, noch bekannt sei, wie sich die verschiedenen Lebensalter in Bezug auf Produktivität zu einander verhielten." Daß sie indeß nicht ohne Bedeutung sind, das dürfte wohl im allgemeinen zuge

---

[1]) Auch Aristophanes' Γῆρας wird ϑ′ genannt bei Bekker, Anecd. 430, 15 ff. (Nach Muhl a. a. O. S. 41 scheint aber δ′ das richtige zu sein). Möglich, daß auch in dem oben besprochenen βη: von Vesp. hyp. I die Zahl η′ sowie in ἐνίκησεν von Pac. hyp. I die Zahl ι′ steckt.

geben werden und zwar schon in Berücksichtigung des oben angegebenen
Umstandes, daß auch die römischen Didaskalien solche Nummern haben.
Ranke glaubte, dieselben bezögen sich auf eine alphabetische Reihen-
folge und stellte auch S. 313—14 eine solche von 52 Aristophanischen
Stücken auf, in welcher denn wirklich Γῆρας das 9. (s. S. 76 A.) und
Ὄρνιθες das 35te wird. Diese Aufstellung dürfte aber doch an manchen
Unrichtigkeiten und Willkürlichkeiten leiden. Denn die Zahl von 52 Komödien ist schon an und für sich zu groß, da uns überliefert ist, daß
Aristophanes nur 44 geschrieben hat, also jedenfalls mehrmals zwei Titel
für ein Stück vorhanden waren (wie z. B. Fritzsche und Stanger für
Γεωργοί und Εἰρήνη aufstellen); sodann möchte doch auch kaum anzunehmen sein, daß die Gelehrten Alexandriens, denen wir offenbar eine
solche Aufstellung verdanken, derselben ein so einfaches Prinzip zu grunde
legten, nachdem wir sie doch sonst in allem als Männer von hoher Wissenschaft kennen.

Welcker, Griech. Trag., Rh. M. Suppl. 2, 1839, 79 drückt sich nicht
klar aus. Er schreibt nämlich hinsichtlich der Zahl bei der Antigone:
„Da, wie wir jetzo wissen, Alexander Aetolos die Werke der Tragiker in
der alexandrinischen Bibliothek gesammelt und geordnet, da Ptolemäos
Philadelphos von den Werken des Aeschylus, Sophokles und Euripides
sich die alten Handschriften von den Athenern verschafft hatte, wofür er
ihnen die Copien zurückgab, so ist es natürlich, daß die Angabe des
Aristophanes sich eher auf die Stücke, als auf die Aufführungen bezog."
Er nahm also wohl eine Numerierung im Lykurgischen Exemplar an,
dem dann Aristophanes[1]) gefolgt sei, womit aber freilich noch kein Zähl-
lungsprincip erklärt ist. Ihm folgte J. Richter, De Aesch. Soph.
Eur. interpret. Graec. p. 68. Jedoch erinnerte schon Schneidewin, De
hyp. S. 12 daran, daß dieses Abschreiben dann nicht verständlich wäre,
wenn Aristophanes nicht dabei eben die chronologische Reihenfolge feststel-
len wollte.

In diesem Sinne versteht diese Zahlen auch Thiersch, Ar. Plut. prolegg. p. 463 Anm. 22, ebenso H. F. C. (Clinton) in Philol. Mus. 1,
1832, S. 74—85, Bernhardy, Griech. Lit. II, 2, S. 152, V. Rose,
Aristot. pseudep. S. 551 und Christ, Griech. Lit. S. 174. Und gewiß ist das auch das einzig richtige Zählungsprincip. Auch Dindorf, Ar.
fragm., Leipzig, Weidmann 1829, p. 3 ist schon dieser Ansicht, wirft aber

---

[1]) Denn von ihm ist ja Ant. hyp.

eine andere Frage auf, nämlich die, ob hier bei den Vögeln λε' recht sei. Er meint das Verhältnis der Produktivität in den einzelnen Lebensaltern sei nicht das entsprechende. Denn Aristophanes müßte so in 13 Jahren 34 Stücke gedichtet haben, während auf die nachfolgende Periode von 26 Jahren nur 10 Stücke träfen. Denn mehr als 44 Stücke hat er nicht geschrieben, ja von diesen selbst werden noch 4 als unecht erklärt. Dieses Bedenken ist allerdings nicht zu unterschätzen, aber daß es bloß ιε' gewesen wären, wie Dindorf annimmt, möchte ich auch nicht behaupten. Denn daß Aristophanes die größte Schaffenskraft in der Jugend hatte, ist natürlich; daß er aber auch die größere Schaffensfreudigkeit bis zum Zeitpunkt der Aufführung der Vögel 414 besaß, ergibt sich aus der Erwägung, daß nur wenige Monate vorher das Gesetz des Syrakosios gegeben wurde μὴ ὀνομαστὶ κωμῳδεῖν. Darum dürfen wir wohl für die Periode vor 414 nicht bloß relativ, sondern auch absolut mehr Stücke setzen als für die spätere Zeit, wo die komische Freiheit eingeschränkt war, und ich möchte deshalb vorschlagen, statt des Dindorfischen ιε' an Stelle des überlieferten λε' nun κε' zu schreiben.

Doch nun endlich zu der Frage: Von wem sind diese Zahlen? dieselben können wohl nur von einem Literarhistoriker sein, der Ordnung schuf und den überlieferten Stoff für die Nachwelt verarbeitete. Das war aber nicht Aristoteles, der gewiß nicht in seinen Didaskalien diese Nummern beisetzte, wie Bernhardy an der oben angeführten Stelle meint, — denn er behandelte nicht irgend einen einzelnen Dichter in umfassender Weise als ein Ganzes, sondern die Erscheinungen der dramatischen Muse, wie sie sich in Athen repräsentierten, wie denn auch in seinen Didaskalien eben nur die aufgeführten Stücke standen, — vielmehr waren es diejenigen, denen der Gesamtbestand der griechischen Literatur so vollständig als möglich noch vorlag, und die in der Arbeit für die Nachwelt ihre Aufgabe fanden, die Alexandriner (und Pergamener). Von diesen aber war es nicht, wie Rose a. a. O. meint, Kallimachos und die Pergamener in ihren ἀναγραφαί, sondern Aristophanes Byz., der zum erstenmale die einzelnen Dichter als Ganzes behandelt zu haben scheint und mit Hilfe der früheren Quellen insbesondere seine Hypotheseis nach der bestimmten Form gefertigt hat. Von ihm ist ja auch Ant. hyp., welche die schon angegebene Nummer enthält.

Nachdem wir so den ältesten Teil unserer Hypothesis einer genaueren Untersuchung unterzogen haben, wenden wir uns noch kurz zu den beiden anderen.

Was in Zeile 1—5 steht, ist keine rechte Inhaltsangabe, wie wir sie sonst finden, denn sie enthält nur den Anfang und schon das Vorhandene läßt auf eine breite Anlage schließen. Derartige lernten wir schon bei anderen Stücken kennen und werden, wie diese, so auch die in unserer Hypothesis einer späteren und zwar wohl der byzantinischen Zeit zuschreiben müssen.

Ganz ohne Wert ist ferner der Schluß der Hypothesis, d. h. die Worte, welche auf die Didaskalie folgen. Denn für's erste sind die dort angeführten Thatsachen alle erst nach der Aufführung der Vögel (Frühjahr 414) geschehen, wie der Tod des Nikias[1]) (Sept. 413) — auch Lamachos scheint erst nachher gestorben zu sein, wahrscheinlich April oder Mai 413, — das Unglück der Athener in Sicilien (Sept. 413), die Verwüstung Attikas durch den Lacedämonier Agis (Frühjahr 413) und desgleichen die Besetzung Dekeleas. — Sodann ist auch sprachlich zu beanstanden ταῦτα αἱ συμφοραί, wo man natürlich αὗται erwarten würde.

In Z. 19 und 20, scheint es, wollte der Verfasser eine Art σκοπός geben, wie ein solcher deutlich in hyp. III (Dübner 210, 8—9 b) steht. Doch trägt auch dies in seiner Mangelhaftigkeit eben den Stempel einer späteren Zeit und es kann der ganze Schluß von φοβερά an nur als eine freilich mißlungene Paraphrase eines früheren σκοπός betrachtet werden, wie wir eine ähnliche aber weit bessere schon in Equ. hyp. II (s. § 8) fanden. So läßt sich also auch hier der alte Kern in jüngerer Umhüllung gut erkennen.

§. 14.

Av. hyp. II.[1])

Nur ein ganz kleiner Teil dieser Hypothesis ist es, der mich veranlaßt, sie in meine Untersuchung hereinzuziehen, nämlich die Reste einer Didaskalie in Z. 23b—25b, die offenbar auf alte Quellen zurückgehen, während das übrige jünger und von geringem Werte ist.

Die bidaskalische Angabe für die Vögel ist hier zwar nicht so vollständig, wie jene in hyp. I, denn es fehlen die Konkurrenten mit ihren Stücken, dafür erfahren wir aber, daß an den Lenäen desselben Jahres der Amphiaraos des Aristophanes durch Philonides aufgeführt wurde. Könnte man also aus dem ersten vermuten, daß der Verfasser nur aus hyp.

---

[1]) vgl. Curtius, Griech. Gesch., 2. Bd.
[2]) R. u. V. — Dübner, 209, 21a—34b.

I abgeschrieben habe, so muß aus dem zweiten auf eine zweite selbständige Benützung der ältesten Quelle der Aristotelischen Dibaskalien geschlossen werden. Daß Aristophanes einen Amphiaraos (richtig 'Αμφιάρεως) geschrieben hat, wissen wir und haben davon auch Fragmente; Kock, Com. Att. fragm. I. S. 396—402 führt deren 23 an.

Was hierauf folgt, enthält so, wie es dasteht, viel Unrichtiges. Es werden nämlich verschiedene Fakta angeführt, die sich πέρυσι, also im nächstvorhergehenden Jahre nach attischer Zeitrechnung, wie man aus dem Zusatz ἐπ. Ἀριμν. entnehmen muß — ereignet haben sollen, und zwar, daß die Athener die Salaminia abgeschickt hätten, um den Alkibiades zurückzuholen, weil er die Mysterien verspottet hatte, daß derselbe auf diesem Schiffe nach Thurii gekommen, dann aber in den Peloponnes entflohen sei.[1])

Nun aber ist zwar der Hermokopidenfrevel verübt worden unter Arimnestos, Hesych. s. v. ἑρμοκοπίδαι, in der Nacht vom 10.—11. Mai 415,[2]) die Abfahrt der Flotte erfolgte, nachdem erfolglose Untersuchung eingeleitet worden war, μεσοῦντος θέρους, Thuc. VI, 30, mit Anfang Juli,[3]) also auch noch unter Arimnestos, wie durch Isae. VI, 14 bezeugt ist. Dann segelt die Flotte nach Sicilien, dort beginnt die Aktion und jetzt erst kommt die Salaminia und holt den Alkibiades und seine Mitangeklagten. Darüber vergingen doch wohl ein paar Wochen, so daß bereits das Archontenjahr des Chabrias angebrochen war. Die erste Anklage des Diokleides wurde nach der Abfahrt der Flotte Ende Juli[4]) erhoben, sodann auf Grund derselben das Verfahren eingeleitet, hierauf nach der Anzeige des Andokides ersterer als Lügner erfunden und erst jetzt, weil auch durch die zweite Angabe nichts Greifbares herausgekommen war, wandte sich die Stimmung gegen Alkibiades, besonders wegen Verspottung der Mysterien, und das erst war der Grund zu seiner Zurückberufung; also kommen wir in das Jahr des Chabrias hinein. Somit hat sich die Unrichtigkeit der Angabe ἐκ τῶν πέρυσι γενομένων ἐπὶ Ἀριμνήστου τοῦ πρὸ Χαβρίου herausgestellt. Allein es ist sehr wahrscheinlich, daß letzteres ἐπὶ Ἀρ... erst von einem Späteren, der das Jahr πέρυσι damit

---

[1]) Dann setzt er hinzu, daß Aristophanes diese Zurückberufung erwähne Av. v. 145—47 μηδαμῶς—Σαλαμινία.
[2]) s. Curtius, Griech. Gesch. II, S. 611.
[3]) Curtius S. 645.
[4]) Curtius S. 649.

genauer bestimmen wollte, hinzugesetzt worden ist, und daß πέρυσι von seinem Autor im Sinne der christlichen Zeitrechnung gefaßt wurde. So würde aber dann auch alles stimmen. Denn das alles geschah i. J. 415 v. Chr. und die Vögel wurden aufgeführt im März 414 v. Chr. Um so gewisser aber hätten wir dann den Nachweis, daß dieser Teil einer ganz späten Zeit angehört. Dem Symmachos dürfen wir die Abfassung desselben nicht zuschreiben, einerseits weil derselbe wohl nicht nach christlicher Zeitrechnung zählte, anderseits weil er schon aus seinen Quellen eine bessere Kenntnis der Geschichte hatte.

Der erste Teil endlich, der der Dibaskalie vorausgeht, ist entschieden nicht alt, sondern wohl in gleich späte Zeit wie der letzte zu versetzen.

Derselbe bietet auch schon mehr sprachliche Bedenken. So steht in der ersten Zeile: Τῆς τῶν Ἀθηναίων πολιτείας τὸ μέγιστον ἦν κλέος αὐτόχθοσι γενέσθαι, wo sowohl der Artikel beim Prädikatsnomen als auch der Dativ beim Infinitiv, obgleich Ἀθηναίων vorausgeht, falsch oder doch gewiß sehr ungewöhnlich ist. Nicht minder fällt in Z. 36 a τῶν ὄντων κακῶν καθεστώτων auf, das in dieser Wortfolge keinen Sinn gibt, wenn nicht umgestellt wird in τ. καθ. κακ. ὀντ. Weiter ist auffällig und unverständlich Z. 1 καὶ ἡ μὲν ἀπότασις αὕτη, nicht klar auch Z. 16 b εἰς ἀπρονοησίαν.

Was die Namen der beiden Hauptpersonen betrifft, so sind dieselben mit den Worten ὡς εἰ πεποιθοίη ἕτερος τῷ ἑτέρῳ καὶ ἐλπίζοι ἔσεσθαι ἐν βελτίοσι unrichtig erklärt. Denn der Name Euelpides bedeutet doch nicht einen, der hofft unter den Besseren zu sein, sondern einen, der voll guter Hoffnung ist, daß alles recht werden wird. Es ist gleichsam ein Patronymikon von εὔελπις also der Sohn des Euelpis, der Schlendrian wie sein Vater. Beim andern ist ἕτερος mit ἑταῖρος verwechselt wohl infolge der ähnlichen Aussprache. Aber auch der erste Teil des Wortes ist falsch verstanden. Denn derselbe kommt von πείθειν „überreden" und nicht von πεποιθέναι „vertrauen" („Hoffegut" und „Beschwatzefreund", wie Göthe die Namen übersetzt). Die allerdings falsche Ableitung, die uns die Hypothesis hier bietet, führt uns indessen auf die richtige Form dieses Namens. Es ist nämlich bisher, wie Ab. Velsen in symb. philol. Bonn. S. 423 sagt, um 4 Namen gestritten worden: Πισθέταιρος, Πεισέταιρος, Πεισθέταιρος und Πειθέταιρος. Der letzte ist offenbar der richtige, wie Velsen und schon Dindorf und Bursian sahen. Und gerade aus unserer Stelle erkennen wir, daß der Autor derselben ebenso las, sonst wäre er nicht auf die Erklärung πεποιθοίη gekommen. In den beiden Hauptpersonen sind also die Athener dargestellt, in dem einen diejenigen unter ihnen, die ihre Mitbürger immer zu etwas bereden, in dem andern das Gros des Volkes, welches, wie der Dichter in der Parabase v. 594 sagt, immer guter Hoffnung sind und erwarten, daß alles, selbst wenn es schlecht angepackt ist, noch einen guten Ausgang nehmen werde.

Der ganze erste Teil ist nun nichts anderes, als eine ungeheuer lange Erweiterung des früheren σκοπός, aber er mengt verschiedenes durcheinander und bringt auch teilweise Unrichtiges, wie, daß Aristophanes die Vorsteher des Staates geißeln, daß er neue Götter einführen, daß er die Athener als gewinnsüchtig darstellen, daß er die Tragödie mit ihren Wunderdingen und mythologischen Beziehungen persiflieren wolle, während er die Hauptsache nicht hervorhebt, daß nämlich die Athener selbst und zwar durch das ganze Stück hindurch die Zielscheibe des Aristophanischen Spottes sind und daß dabei der Dichter als echter Komiker die treffendste Antwort auf das kurz vorher gegebene Gesetz des Syrakosios gab, indem er nun das ganze Volk in seinem leichtgläubigen Thun und Treiben auf die Bühne brachte. Sehr leicht ist es möglich, daß gerade das Veranlassung war, daß das Volk durch den Mund seiner Richter dem Stücke trotz seiner hohen Vorzüge nur den zweiten Platz zuerkannte.[1])

Endlich ist in diesem Teil auch eine offenbare historische Unrichtigkeit. Es heißt nämlich in Z. 26 a, daß der dekeleische Krieg dem Dichter Veranlassung gegeben habe, seine Vögel zu schreiben. Das kann aber nicht sein; denn da Aristophanes die Vögel an den großen Dionysien, also Ende März 414 aufführte, so mußte er sicher schon etwa gegen Januar damit fertig sein, also den Plan dazu vielleicht schon im Jahre zuvor nach der Zurückberufung des Alkibiades gefaßt haben. Jener Krieg aber brach erst im Frühjahr 413 aus, also genau ein Jahr nach der Aufführung der Vögel s. Thuc. VII, 18—19.[2])

Ich hielt mich bei diesem Teile etwas länger auf, weil ich eben durch Klarlegung seiner Unrichtigkeiten den Beweis führen wollte, daß der Verfasser desselben nicht aus alter Zeit sein kann, sondern in sehr später, wohl byzantinischer Zeit lebte. Derselbe ging jedenfalls vom σκοπός aus, den er vielleicht in hyp. I in kurzer Form vorfand und nun in eingehender Weise erweitern zu müssen glaubte.

---

[1]) Aehnlich lag es wohl, wie ich bereits früher betonte, bei den Wespen.
[2]) Den gleichen Irrtum finden wir auch schol. Av. v. 189.

§. 15.

Av. hyp. III.[1])

Es steht zwar diese Hypothesis nicht in einer der besten Handschriften, aber dennoch trägt sie die Merkmale hohen Alters an sich und ist gewiß viel älter als die eben behandelte hyp. II.

Denn vor allem fällt uns dabei die ruhige Sprache auf, die sich so recht auf das Sachliche beschränkt und die Worte so viel wie möglich spart, ohne aber das Wichtigste zu vergessen. So wird zuerst die Handlung des Stückes erzählt, und zwar nicht bloß vollständig, sondern auch so klar und kurz, daß ich nicht anstehe zu behaupten, daß dies die aus der alexandrinischen Zeit gerettete, in den beiden andern Hypotheseis vermißte Erzählung ist, wie wir deren bisher noch keine einzige gehabt haben.

Sodann gibt der Verfasser richtig die Abfassungszeit an, nämlich die Zeit nach der Zurückberufung des Alkibiades wegen des Hermenfrevels und seiner Flucht nach Lakedämon.

Präcis ist ferner der σκοπός ausgedrückt, wenn auch nicht richtig, da die Athener in den Vögeln nicht als φιλόδικοι, sondern wie ich oben entwickelte, als ein leicht allen möglichen Projekten geneigtes Volk dargestellt werden. Kurz, aber unklar ist die Angabe über die σκηνή. Ueber die Namen der beiden Hauptpersonen, die hier falsch angeben sind, s. § 14.

Wenn nun in dieser Hypothesis auch nicht alles von gleicher Güte ist, so glaubte ich sie doch besonders wegen der alten Erzählung hereinziehen zu sollen.

§. 16.

Lys. hyp. I.[2])

An dieser Hypothesis war es lediglich der Schlußsatz der mich bestimmte, sie zu behandeln. Dieser enthält nämlich Reste einer Dibaskalie und führt uns damit wieder auf die bekannte Quelle aus dem hohen Altertum, Aristoteles; dagegen ist die vorausgehende Erzählung weit jüngeren Datums.

---

[1]) Fehlt in R. u. V. — Dübner, 209, 35b—210, 11a.
[2]) R. — Dübner, 248, 1—36a.   6*

Die Dibaskalie hat, soweit sie dasteht, die normale Form und die kurze Sprache und erweist sich gerade hieburch als echt, so daß sie den bereits behandelten würdig an die Seite gestellt werden kann. Der Zusatz μετὰ Κλεόκριτον war notwendig, da auch ein anderer Kallias Archon war, der Nachfolger des Antigenes, unter dem i. J. 405 die Frösche aufgeführt wurden. Freilich ist aber die Dibaskalie auch nicht vollständig. Es fehlen das Fest, die Mitbewerber mit ihren Stücken und der Erfolg des Agons, und speziell, was natürlich für uns am wissenswertesten wäre, die Mitteilung, welchen Platz Aristophanes dabei bekam.

Als Fest hat Droysen die großen Dionysien 411 zu erweisen gesucht (s. Briel, S. 62), während Süvern, Ueber Aristophanes' Wolken S. 44 überzeugend dargethan hat, daß die Lysistrate an den Lenäen aufgeführt worden sein müsse; vgl. auch Muhl S. 54.

Bezüglich der Mitbewerber können wir nicht einmal eine Vermutung aufstellen, da dieselbe sich auf nichts stützen könnte. Dasselbe gilt von dem Erfolg des Stückes.

Der vorausgehende Teil erweist sich entschieden als jünger. Er enthält die Erzählung vom Gang der Handlung im Stücke; dieselbe ist wie die früher bereits behandelten breit angelegt und läßt die Hauptpunkte nicht klar hervortreten. Auch finden sich viele Härten und Eigentümlichkeiten im Ausdrucke. Ich will hier nur die auffallendsten berühren:

3. 6. ἐξωπίους ist ein Lieblingswort des Euripides. Vielleicht kann man daraus als Verfasser der Hypothesis, besonders der Erzählung, auf einen Mann schließen, der sich mit diesem Tragiker beschäftigte, etwa auf Thomas Magister, der denselben kommentierte, und dessen Namen auch eine breite Hypothesis zu den Fröschen trägt.

3. 6—7 ist πρὸς τὰς . . . ἀπαντᾷ, das sonst „hinkommen" oder „entgegentreten, hindern" heißt, in der Bedeutung „sie begibt sich" gebraucht.

3. 10 wird παραβιάζεσθαι, das sonst „mit Gewalt etwas wider die Natur thun" bedeutet, im Sinne von „Gewalt anwenden" genommen.

3. 30 fällt δι' ἀκρασίαν ὡς τοὺς ἄνδρας ἁλίσκοντα: auf, wo man erwarten sollte ἀκρασίᾳ oder ὑπ' ἀκρασίας περί . . .

Aus diesen ungewöhnlichen Ausdrücken sehen wir also, daß wir einen Verfasser aus der späteren Zeit vor uns haben.

Die Ueberlieferung unserer Hypothesis beruht auf R. und einem cod. Aug. Denn Ven. hat dieses Stück überhaupt nicht. Aber der Text ist an mehreren Stellen offenbar korrupt. Ich kann mir nicht versagen, ein paar Stellen hervorzuheben.

3. 6 ἐμπριλάς, das die Handschriften bieten, ist unverständlich. Dindorf vermutet dafür ἐν πύλαις, muß aber selbst gestehen, daß damit nicht Abhilfe geschaffen sei, denn der Sinn verlangt irgend ein Verbum in der 3. Person, das im Gegensatz zu ἀπαντᾷ stünde. Darum schlage ich ἐμπελᾷ = ἐμπελάζει vor, wobei sich zugleich die Versetzung des δὲ hinter καταλιποῦσα empfiehlt, also: „sie zieht die, welche draußen waren, zusammen, läßt sie (als Reserve) zurück u. s. w."

3. 17 wollte Küster τοῦ θράσους ändern in τὸ θράσος, doch ist dies nicht nötig, da der Genitiv zwar ungewöhnlich, aber doch wohl durch die Analogie von θυμοῦσθαί τινί τινος erklärlich ist. — In der gleichen Zeile vermute ich für das auffallende ταῦτα μὴ παύσας ein anderes Verbum, etwa ἀνύσας.

Andere gute und sichere Aenderungen Früherer brauche ich nicht anzuführen.

Daß unsere Hypothesis in diesem korrupten Zustande ist, hängt wohl eben überhaupt damit zusammen, daß dieses Stück nicht viel gelesen und kommentiert wurde. Schade, daß wir von der alten Hypothesis dazu, die sicher auch vorhanden war, nichts weiter haben, als die spärlichen Ueberreste der Didaskalie.

§ 17.

Ran. hyp. I.[1])

Diese Hypothesis ist für uns von großer Wichtigkeit, denn sie enthält mehrere Punkte, die in hohes Altertum zurückgehen, weshalb wir sie einer näheren Betrachtung unterziehen müssen. Freilich ist der weitaus größte Teil 3. 1—39a bedeutend jüngeren Ursprungs.

Der ältere Teil nun, 3. 39a—4b, geht in seinem jetzigen Bestande auf breierlei Quellen zurück und zwar nach den drei Punkten, die er behandelt.

Aus der ältesten Quelle, den Didaskalien des Aristoteles, ist genommen die Didaskalie ἐδιδάχθη — Κλεοφῶντι. Dieselbe ist so vollständig und so sehr in der bekannten klaren, aber kurzen Form gehalten, daß wir wohl ohne Bedenken annehmen dürfen, daß sie aus Aristoteles' Didaskalien selbst herüber genommen ist. Auch wird der Archon Kallias näher

---

[1]) R. u. V. — Dübner, 273, 1a u. 14b.

bestimmt durch gleichzeitige Angabe seines Vorgängers Antigenes, wie wir dies auch schon bei der Didaskalie der Lysistrate hatten, die unter dessen Namensvetter, dem Nachfolger des Kleokritos, aufgeführt wurde. Diese nähere Zeitbestimmung stand natürlich nicht in den offiziellen Urkunden, sondern wir haben sie gewiß dem Aristoteles zu verdanken.

Ein zweiter Teil, der Schlußsatz der Hypothesis, betrifft die Frage der Wiederaufführung der Frösche. Daß derselbe nicht viel jünger ist, sehen wir aus dem Zusatze: ὥς φησι Δικαίαρχος, womit also die Quelle selbst angegeben wird. Dieser Dikäarch, der bekannte begabte Schüler des Aristoteles, versichert also, daß die Frösche solchen Beifall fanden, daß sie zum zweitenmale aufgeführt wurden. Auf mehr dürfen wir gewiß diese Worte nicht beziehen und sie nicht etwa auch noch als Zeugnis für die ganze Didaskalie auffassen. Die Wiederaufführung des Stückes erwähnt also Dikäarch als etwas Außergewöhnliches und sie muß auch keine der gewöhnlichen gewesen sein, d. h. nicht eine zweite Aufführung des Stückes in umgearbeiteter Gestalt, wie sie vielfach vorkamen, sondern eine Wiederholung desselben ohne jede Veränderung. Daß aber Aristophanes dabei auch zum zweitenmal in Preiskonkurrenz treten durfte oder mußte, wie Rhode, Scenica III, Rh. M. 38, 1883, 290 aufstellt, möchte ich sehr bezweifeln. Daß es, wenn es einmal von neuem aufgeführt wurde, auch einen neuen Chor bekam, ist natürlich, aber eine zweite Preisbewerbung klingt doch äußerst unwahrscheinlich. Wir haben zwar etwas Aehnliches bei Aischylos, von dem uns bezeugt ist, daß seine Dramen einem Volksbeschlusse gemäß auch nach seinem Tode gegeben wurden, schol. Ar. Ach. v. 10 u. Ran. v. 868, wo Rhodes Vermutung, ἀναδιδάσκειν statt διδάσκειν zu schreiben, sicher richtig ist, aber in diesen beiden Stellen, die gewiß auf gute Quellen zurückgehen, ist nichts von einer wiederholten Konkurrenz des Aischylos gesagt und auch sonst ist nirgends im Altertum hievon die Rede. Oehmichen, Bühnenwesen S. 201 nimmt zwar, gestützt auf die Biographie des Aischylos wiederholtes Eintreten in die Preisbewerbung an, aber die betr. Worte: οὐκ ὀλίγας δὲ μετὰ τελευτὴν νίκας ἀπηνέγκατο scheinen mir nur durch ein Mißverständnis der inschriftlichen Ueberlieferung seitens des Biographen entstanden zu sein.[1]) Denn nach den didaskalischen Urkunden ging später regelmäßig den neuen Tragödien eine alte voran, und diese scheint der Biograph mit jenen Worten gemeint zu haben. — Also

---

[1]) Und auf dieser Stelle beruht sicher auch Philostr. vit. Apoll. VI, 11 und hat deshalb den gleichen Wert.

was bis dohin, nämlich bis zur Zeit des Aristophanes, nur dem Aischylos gewährt worden war, und zwar für alle seine Stücke, das wurde nun auch dem Aristophanes für das eine Stück, die Frösche, gewährt. Ist das nicht eine eben durch ihre Ungewöhnlichkeit außerordentlich hohe Auszeichnung? Dann möchte ich noch fragen: Was wäre es für eine Auszeichnung gewesen, wenn unser Dichter mit den Fröschen, nachdem sie schon einmal den Sieg errungen hatten, noch einmal hätte eine Konkurrenz durchmachen müssen? Hätte er nicht eben einen Mißerfolg riskieren müssen, wodurch dann der erste Ruhmeskranz gar schmählich zerstört worden wäre? Gerade darin finde ich eben die Auszeichnung, daß es hors concours aufgeführt wurde. Und was für jene Zeit nur ausnahmsweise und nur dem Aischylos für alle Stücke und dem Aristophanes für die Frösche zu Teil wurde, das wurde dann später in der zweiten Hälfte des 4. Jahrh. allgemein, daß nämlich die Tragödien der alten Koryphäen — am meisten wie es scheint, die des Euripides, die dem Geschmacke der späteren Zeit besser entsprachen — vor den neuen, mit einander konkurrierenden Stücken der neueren Dichter aufgeführt wurden.; s. Köhler, CIA. II, 2, 973. Dasselbe war seit dem Ende des 3. Jahrh. bei der Komödie der Fall, wo freilich auch die Stücke der Dichter der neueren Komödie, eines Menander, Philemon u. s. w. vorgezogen wurden (s. CIA. II, 2, 975), und zwar gewiß aus dem einfachen Grunde, weil die Stücke der alten Komödie, des Aristophanes, die nur für die Zeitgenossen geschrieben und verständlich waren, ein späteres Publikum nicht mehr so anzogen oder interessierten. Der Vergleich mit dem Eunuchen des Terenz, den Rhode anführt, paßt nicht. Dort haben wir eine ganz andere Zeit, andere Sitten und Armut an Dichtern.

Dikäarch führt auch den Grund an, warum die Frösche so sehr bewundert wurden, nämlich διὰ τὴν ἐν αὐτῷ παράβασιν. Dieser Grund ist auch ganz glaubwürdig, denn mögen auch die sonstigen Vorzüge des Stückes schon seine Belohnung mit dem Siege zur Folge gehabt haben, so war es doch gewiß die Parabase, welche das ganze souveräne Volk bestimmte, noch eine außerordentliche Auszeichnung hinzuzufügen. Denn dort hatte er ein politisches Thema berührt, und für die beiden feindlichen Parteien den Versöhnungston angeschlagen, wie der Verfasser von hyp. III, der am Schlusse fast alles mit hyp. I gleich hat, hinzusetzt: καθ' ἣν διαλλάττει τοὺς ἐντίμους τοῖς ἀτίμοις καὶ τοὺς πολίτας τοῖς φυγάσιν. Gerade deshalb aber, weil beide, hyp. I und die schon durch die Ueberschrift Θωμᾶ τοῦ μαγίστρου als weit jünger gekennzeichnete und wegen des nahezu gleichen

Wortlautes wohl nur aus ersterer abgeschriebene hyp. III gleichmäßig διὰ τὴν ἐν αὐτῷ παράβασιν haben, welche Lesearten auch noch durch die beigefügte Erklärung gesichert ist, glaube ich, daß dies der richtige Text, die älteste Ueberlieferung, ist und nicht mit Weil[1]) zu ändern ist in διὰ τὴν εἰς Ἄιδου κατάβασιν, denn das konnte doch keinen Grund für eine solch ungewöhnliche Auszeichnung bilden; Aehnliches, hinsichtlich der Erfindung Großartiges, hatten andere und er selbst in seinen früheren Stücken auch schon gebracht. Es muß also ein tiefes sittliches Moment dahinter stecken, welches das ganze athenische Volk überwältigte, und das können wir nur in der Parabase finden, wie es uns auch die beiden Hypotheseis bestätigen.

An der Richtigkeit der Nachricht von der Wiederaufführung ist wohl kaum zu zweifeln,[2]) denn Dikäarch hatte so gut wie sein Lehrer Aristoteles noch authentische Quellen, ja wohl auch noch die nämlichen. Wir brauchen nicht einmal annehmen, daß er nach des Aristoteles Didaskalien gearbeitet habe; er konnte unter ganz selbständiger Benützung der gleichen Urkunden seine Schriften verfassen. Diese Notiz konnte wohl aus seinem schon oben S. 5 besprochenen Werke: περὶ μουσικῶν ἀγώνων genommen sein. Dikäarch hat also hiemit eine Ergänzung zu dem Aristotelischen Werke gegeben. Denn entweder hatte Aristoteles überhaupt nur die ersten Aufführungen verzeichnet, oder es ist uns die Didaskalie der Wiederholung, wie vieles andere, verloren gegangen.

Doch wenden wir uns jetzt zu dem ersten Satze des von uns als alt bezeichneten Teiles der Hypothesis. Derselbe lautet Τὸ δὲ δρᾶμα τῶν εὖ πάνυ καὶ φιλολόγως πεποιημένων; hyp. III hat hier die Variante, φιλοπόνως, während πάνυ fehlt. In diesem Urteil ist wieder bemerkenswert die Kürze und Klarheit, sowie das Zutreffende desselben. Es ist das Stück wirklich nach allen Richtungen ein sehr gut gefertigtes zu nennen. Trefflich und zeitgemäß ist schon die Erfindung — schon durch die Wahl des Stoffes sicherte sich Aristophanes einen Erfolg, ähnlich wie mit dem Proagon — trefflich ist aber auch die Durchführung.

Was die Variante in hyp. III betrifft, so glaube ich ganz bestimmt, daß dieselbe aus unserem φιλολόγως entstanden ist, da eine Verwechslung von λ mit π, sowie von γ mit ν sehr leicht möglich ist. Außerdem ist un-

---

[1]) f. Christ, Lit. S. 231 A. 3.
[1]) Madvig S. 464 ff. findet in diesen Wiederaufführungen Umarbeitungen durch spätere Dichter im Geschmacke der Zeit, allein die erwähnten didaskalischen Inschriften gestatten eine solche Annahme nicht mehr.

sere Lesart gestützt durch Z. 25, a: φιλόλογον λαμβάνει σύστασιν. Denn dieser erste Teil ist zwar später als der zweite, aber sicher früher als hyp. III. Wir sehen eben daraus, daß der Autor desselben in der älteren Hypothesis richtig, dagegen der von III falsch las oder abschrieb. Auch würde φιλοπόνως dem Sinn nach nicht gut passen, und würde es kein besonderes Lob für Aristophanes' Dichtergenie sein, wenn es hieße: „Er hat es mit großem Fleiße gemacht"; denn das bedeutet doch wohl auch: „Er hat sich plagen müssen." Vortrefflich dagegen paßt φιλολόγως, das natürlich nicht in dem gewöhnlichen Sinn: „gern und viel redend, geschwätzig" gebraucht ist, was ja ein Tadel statt eines Lobes wäre, sondern so, wie es uns schon Plat. d. rep. 9. p. 582 C begegnet: „Gelehrsamkeit und Literatur liebend, Freund der Gelehrsamkeit und Literatur, der über gelehrte und literarische Gegenstände spricht oder schreibt, der gelehrte Gespräche liebt." Nun wissen wir aber auch, daß Eratosthenes der erste war, der sich den Namen Φιλόλογος beilegte.[1]) Darum glaube ich auch, daß dieses ästhetische Urteil direkt von diesem Gelehrten selbst stammt. Das nämliche gilt aber auch für alle übrigen in den Hypothesis schon vorgekommenen und von mir in den früheren Abschnitten behandelten. Denn daß sie alle einen und denselben Verfasser haben und zwar den gleichen, wie auch die Tragödienurteile, habe ich Leo gegenüber schon S. 42 ausgeführt. Ebenso wies ich S. 44 darauf hin, daß der sich in mehreren Hypotheseis findende σκοπός in formellem und materiellem Zusammenhang mit diesen Urteilen steht, und aus der gleichen Quelle b. h. also aus Eratosthenes und zwar wohl wörtlich genommen ist. Daneben mag auch noch einmal, wie schon S. 35, auf die Aehnlichkeit der Sprache mit der des Eratosthenes, die kurzen, klaren Sätze, und die präsentischen Tempora hingewiesen sein. Beide, Urteil und σκοπός, standen wohl ursprünglich in seinem Werke περὶ ἀρχαίας κωμῳδίας, zu dessen Abfassung er eben die Arbeiten seiner Vorgänger, besonders den Pinax des Kallimachos benützt haben wird. Und gerade, weil dieser über den ästhetischen Wert der einzelnen Dichtungen keine Bemerkung enthielt, wird Eratosthenes diese in kurzer Form hinzugesetzt haben. Aus ihm hat dann Aristophanes von Byzanz sie bei Abfassung seiner Hypotheseis herausgenommen. Denn daß wir diese älteren Teile ihm verdanken, darüber dürfte wohl nach dem früher Gesagten kein Zweifel mehr bestehen. Leider sind hier von seinen

---

[1]) Suet. d. gramm. ill. 10: Philologi appellationem assumpsisse videtur Ateius, quia sicut Eratosthenes, qui primus hoc cognomen sibi vindicavit, **multiplici usu variaque doctrina censebatur.**

gewöhnlichen Rubriken nur mehr die zwei, das Urteil (von Trendelenburg mit F bezeichnet) und die Didaskalie (Tr. D) vorhanden, während uns die übrigen entweder ganz verloren oder in der breiten Verarbeitung Späteren aufgegangen sind.

Das letztere war gewiß der Fall mit dem σκοπός. Derselbe wurde in hyp. IV von einem Späteren ungebührlich erweitert, so daß es nicht mehr möglich ist, die ursprüngliche kurze Form herauszuschälen.

Die andern Punkte gingen bei unserem Stücke früh verloren. Doch scheint man in byzantinischer Zeit versucht zu haben einen Ersatz dafür zu bieten in dem Teile Z. 1a—38a, freilich nicht mit Glück, denn was der Verfasser über die σκηνή Z. 36 sagt, ist albern. Dieselbe ist ja nicht, wie er meint, in Theben, sondern in Attika, da Dionysos laut v. 129 beim melitischen Thor hinausgeht, weil Herakles in Melite in dem ihm geweihten Tempel wohnt. Außerdem könnte auch das nur für den Anfang passen, denn der größte Teil des Stückes spielt ja in der Unterwelt. Möglich ist, daß Z. 36—38 noch jünger ist, als die vorausgehende lange Erzählung. Jedenfalls aber war zur Zeit, wo Z. 1—38 geschrieben wurde, von der alten Aristophanischen Hypothesis nicht mehr vorhanden, als wir jetzt noch haben, nämlich die oben besprochenen beiden ältesten Punkte.

Hinsichtlich des Textes dieses jüngeren Teiles will ich nur bemerken, daß uns zwar einige Ausdrücke wegen ihrer Ungewöhnlichkeit auffallen, aber durchaus nicht durch Emendation entfernt werden dürfen, so Z. 1. κατ' Εὐριπίδου πόθον = πόθῳ, Z. 3. ἔκπληξιν παρασχεῖν = ἐκπλῆξαι und Z. 5 κατὰ τὰς ὁδοὺς ᾗ = αἷς. Sie sind eben auch Zeugnisse für einen Verfasser aus späterer Zeit.

Hyp. III ist, wie gesagt, in ihrem zweiten Teile fast wörtlich aus I abgeschrieben, während das Vorausgehende unter starker Benützung des jüngeren Teiles von I gefertigt ist.

§. 18.

Nub. hyp. VII.[1]

Diese Hypothesis steht mit den beiden der in §§ 5. u. 6. behandelten in innigem Zusammenhang.

Sie zählt zu den besseren sowohl wegen der Kürze der Sprache,

---

[1] R. und V. — Dübner, 78, 13a—20a.

als auch wegen des reichen Inhaltes, den sie in den wenigen Worten birgt. Wir finden nämlich hier gerade die Punkte einer regelrechten alten Hypothesis, die wir in hyp. V und VI vermißten. Der erste Satz: Τὴν μὲν κωμῳδίαν — δαίμονας behandelt den σκοπός, daß nämlich das Stück gegen Sokrates gerichtet ist. Die darauffolgende Angabe über die Zusammensetzung des Chores scheint etwas späteren Ursprunges zu sein, während der σκοπός, so wie das jetzt am Schlusse von hyp. III stehende Urteil, die beide gewiß früher mit einander in Verbindung waren, von Eratosthenes stammen, wie ich in § 17 sagte. Von ihm ist gewiß auch die Bemerkung: δύναται δὲ φέρονται Νεφέλαι, da er sich, wie wir in § 6 sahen, mit Vorliebe mit derartigen Fragen beschäftigte.

Dagegen ist der folgende Satz über Meletos und Anytos, die Ankläger des Sokrates, gewiß aus viel späterer Zeit und hat hier überhaupt keinen Sinn, da Aristophanes und jene zwei Männer in gar keinem Zusammenhange standen. Allein es hatte sich später eben die Meinung herausgebildet, als ob diese den Aristophanes zuerst vorgeschoben hätten, um gleichsam die Stimmung der Athener gegen Sokrates zu sondieren, wie hyp. II sagt: ἵνα προδιασκέψαιντο ποῖοί τινες εἶεν Ἀθηναῖοι κατὰ Σωκράτους ἀκούοντες.

Ueber den Schlußsatz τὸ δὲ δρᾶμα . . . . vgl. S. 51 A. 2.

§ 19.

Thesm. hyp.[1])

Wir haben zu diesem Stücke eine eigentliche Hypothesis nicht mehr; dafür aber gehen den Scholien ein paar Zeilen voraus, die noch Ueberreste einer solchen, die jedenfalls einmal vorhanden war, bewahrt haben. Daß die Hypothesis selbst verloren gegangen ist, hat wohl seinen Grund darin, daß das Stück weniger gelesen und deshalb auch weniger kommentiert wurde; denn die Scholien dazu gehören zu den dürftigsten, die wir zu Aristophanes haben.

Die wenigen Zeilen also, die wir noch haben, enthalten den προλογίζων Mnesilochos, dann den Chor und endlich den σκοπός: καί τοῦτο τὸ δρᾶμα τῶν κατ' Εὐριπίδου πεποιημένων. Die Kürze, in welcher diese Punkte behandelt sind, sprechen dafür, daß sie unmittelbar aus einer alten Hypothesis herausgenommen wurden, ihre Aehnlichkeit mit den früher be-

---
[1]) R.

sprochenen und den zu den Tragikern überlieferten weisen uns auf Aristophanes von Byzanz. Schade freilich, daß uns nicht mehr erhalten ist, insbesondere wäre uns eine, wenn auch dürftige, bibaskalische Angabe erwünscht.

§ 20.
Schluss.

Hiemit sind wir am Ende unserer Untersuchung angelangt. Wir haben diejenigen Hypotheseis zu den Komödien des Aristophanes, welche ganz oder teilweise in ihrem Ursprunge auf hohes Alter zurückzugehen scheinen, herausgesucht und sie auf ihren Inhalt geprüft.

Dabei fanden wir denn viele Körner alten philologischen Wissens, die bis in die Zeit hinaufgehen, wo diese Wissenschaft überhaupt ihren Anfang nimmt, nämlich in die Zeit des Aristoteles und der Alexandriner.

Vor allem ergab sich, daß auch diese unsere Hypotheseis einst nach dem gleichen Schema gearbeitet worden waren wie die ähnlichen zu den Tragikern. Diese letzteren sind aber, wie Schneidewin und Trendelenburg nachgewiesen haben, von Aristophanes von Byzanz, und es liegt daher der Schluß nahe, daß dieser Grammatiker auch zu den Komikern nach dem gleichen Schema Hypotheseis geschrieben hat, die uns in den noch vorhanhandenen erhalten sind,[1]) wenn auch nicht mehr in vollständiger reiner Form, die aber nicht, wie Leo a. a. O. meint, gänzlich verloren gegangen sind. Stellen wir aber einen Vergleich an zwischen unseren komischen und jenen tragischen Hypotheseis, so werden wir finden, daß auch letztere nicht mehr vollständig in der Form erhalten sind, in der sie ursprünglich geschrieben wurden, ja derselbe wird eher zu Gunsten der unsrigen ausfallen. Denn erstens finden wir nicht bloß viel häufiger als bei den tragischen die Mehrzahl der 7 Rubriken, wie sie Trendelenburg festgestellt hat, sondern es sind auch gerade die vorhandenen für uns am interessantesten, da wir sie nicht mehr würden ersetzen können, nämlich die Didaskalien (diese fast regelmäßig vollständig, selten dagegen bei den tragischen), dann die ästhetischen Urteile, und diese Urteile der Alten zu kennen, kann für uns nur von hohem Interesse sein. Ebenso sind für uns von unschätzbarem Werte die Angaben über den σκοπός, sowie über Umarbeitungen und wiederholte Aufführungen und über die Nummer des Stückes. In den tragischen dagegen sind vielfach gerade diese wichtigsten Punkte ausgelassen oder

---

[1]) S. Madvig. S. 430.

unvollständig behandelt, und darin besteht der Hauptunterschied zwischen diesen und den unsrigen, daß erstere meist verstümmelt sind, während in letztern öfter die ursprüngliche Form gewahrt oder scheinbar fehlende Punkte doch nur durch Zusätze und Erweiterungen verdeckt sind.

Die eigentliche ὑπόθεσις ist fast jedesmal zu einer breiten Erzählung geworden, in welcher es aber an der richtigen Betonung der Hauptmomente fehlt. Gerade dadurch charakterisiert sich dieselbe meist nur als ein Machwerk viel späterer Zeit, so daß man sie also selbst weniger für eine Erweiterung der alten ὑπόθεσις als für einen Zusatz betrachten möchte, den ein Späterer machte, nachdem das Ursprüngliche verloren gegangen war. In dieser Hinsicht dürfte Leo auch teilweise Recht haben.[1]) Es scheint nämlich, daß einer nach Aristophanes Byz., der zum erstenmale einen zusammenfassenden Kommentar zu unserem Komiker schrieb, aus den vorhandenen Hypotheseis desselben nur das nahm, was nicht aus den Stücken selbst geschlossen werden konnte, während er anderes, was sich aus diesen selbst ergab, insbesondere die Erzählung des Inhalts, wegließ. Dafür bot dann ein anderer 'aus viel späterer Zeit, der diese eigentliche ὑπόθεσις als integrierenden Bestandteil der tragischen Hypothesis fand, diese breite umfangreiche Ergänzung, wie wir sie noch jetzt haben. Den Verlust dieses Teiles könnten wir übrigens auch leichter verschmerzen, selbst wenn wir den Ersatz nicht hätten, den uns diese Fabrikate zu bieten suchen.

Aristophanes Byz. selbst aber nahm von dem, was er in seinen Hypotheseis schrieb, einen Teil aus früheren Quellen, während er anderes selbst machte.

Seine eigene Arbeit war sicher die fast nirgends mehr erhaltene Erzählung, die ὑπόθεσις, dann die Angabe über σκηνή, die ebenfalls vielfach nicht mehr vorhanden ist, und χορός, die auch meist in die Erzählung eingeflochten war. Er war es wohl auch, der den προλογίζων (mehrfach noch vorhanden) sowie, die wenigstens einmal (hyp. Av. I) noch sicher nachweisbare Nummer des Stückes, die er im chronologischen Sinne verstand, nach den Pinakes des Kallimachos hinzusetzte. Endlich sind von ihm die Bemerkungen mit οὐ σώζονται, sowie er auch die Olympiadenzahlen beifügte.[2])

---

[1]) D. h. mit Ausnahme derjenigen Stellen, die ich als solche bezeichnet habe, welche entweder selbst alt sind oder auf Altem fußen.
[2]) S. Schneidewin S. 10—11.

Dagegen nahm er aus früheren Quellen und zwar aus Aristoteles Διδασκαλίαι die didaskalischen Angaben und zwar, das dürfen wir wohl annehmen, nahezu wörtlich. Das zeigt die fast überall gleichmäßige Form, die kurze, klare, Vertrauen erweckende Sprache, die uns in ihrer überzeugungsvollen Bestimmtheit den Gedanken aufnötigt, daß hier die reine Quelle selbst spricht. Aber auch des großen Philosophen Schüler Dikäarch benützte er, wie er ihn ja Ran. hyp. selbst citiert. Endlich den ausgiebigsten Gebrauch scheint er von seines Vorgängers Eratosthenes Werke περὶ ἀρχαίας κωμῳδίας gemacht zu haben. Aus demselben nahm er wohl die ästhetischen Urteile, die in ihrer Kürze und Form den tragischen gleich und mit großer Sachkenntnis gefällt sind, so daß auch sie wörtlich aus Eratosthenes zu stammen scheinen. Das nämliche gilt vom σκοπός (bei Pac. hyp. I mit κεφάλαιον bezeichnet) der aber, wie wir sahen, einigemale nicht mehr in der reinen Form erhalten ist, sondern sich Erweiterungen Späterer gefallen lassen mußte. Damit hing dann innig zusammen die Frage über anderweitige Behandlung des Stoffes (κεῖται ἡ μυθοποιία), ein Punkt, den wir bald (Vesp. hyp. I) in kurzer reiner, bald (Pac. hyp. I) in erweiterter Form fanden. Diese ist deshalb wohl ebenso aus jenem Werke genommen wie jene über Umarbeitung bezw. Wiederaufführung von Stücken, wie ja höchst wahrscheinlich Nub. hyp. VI. wörtlich daraus stammt.

Daß an der derzeitigen Gestaltung der Hypotheseis Symmachos, der, wenn auch nur indirekt, auf die besten Quellen zurückgeht, Anteil nahm, dafür glaubten wir einigemale Spuren zu finden. Hierin werden wir noch bestärkt durch die subscr. Nub. Pac. Av.

Wenn ich indessen am Schlusse meiner Arbeit freilich gestehen muß, daß die gewonnenen Resultate sich mehr auf Vermutungen als auf unwiderlegliche Beweise gründen, so glaube ich doch sagen zu dürfen, daß die Wahrscheinlichkeit meiner Ausführungen eine so große ist, als man bei gänzlichem Mangel an positiven Beweisen aus dem Altertum nur wünschen kann. Wo eben diese fehlen, kann sich die Untersuchung nur in solchen Bahnen bewegen. Vielleicht aber ist es mir wenigstens gelungen, die Aufmerksamkeit mehr, als bisher der Fall war, auf die Hypotheseis gelenkt und zu weiteren Nachforschungen angeregt zu haben. Sie verdienen es, denn sie sind für die Literaturgeschichte der alexandrinischen Periode von hoher Wichtigkeit.